Sachbereich	Titel	Seite	AH	FA
Zahlen und Operationen	Quadrataufgaben	65	36	8
	Kernaufgaben	66	36	
	Das kann ich schon 3 / Überprüfen und üben 3	67, 68	37	
Zahlen und Operationen	Achtung, Fehler!	69		
	Aufteilen / Verteilen	70, 71	38, 39	6, 7
	Trick: Umkehraufgabe (Malnehmen und Teilen)	72	40	
	Trick: Verwandte Aufgaben (⊙/⊙)	73	40	
	Teilen mit Rest	74, 75	41	
Größen und Messen	Längen vergleichen	76		
	Zentimeter / Messen mit dem Lineal	77, 78	42	
	Messen mit dem Metermaß	79	43	
	Meter und Zentimeter	80	43	
	Das kann ich schon 4 / Überprüfen und üben 4	81, 82	44	
Zahlen und Operationen	Trick: ⑨ ist fast ⑩	83	45	12
Größen und Messen	Der 5-Minuten-Trick!	84	46	9
	Wie viel Uhr ist es?	85	46	9
	Wie die Zeit vergeht!	86	47	9
	Bibus Reise mit dem Bus	87	47	9
Zahlen und Operationen	Verdoppeln und halbieren	88	48	
	Das Einmaleins mit ④ / Das Einmaleins mit ⑧	89, 90	48	10
	Das Einmaleins mit ③ / Das Einmaleins mit ⑥	91, 92	49	11
	Das Einmaleins mit ⑦	93	50	12
	Für nimmersatte Mathebären	94, 95	50	
	1, 2, 3 – feine Knobelei!	96, 97	51	
Zahlen und Operationen	Trick: 9 ist fast 10	98	52	
	Trick: Verwandte Aufgaben	99	52	
Daten und Zufall	Reise ins Land der Rechengeschichten (Schaubilder)	100, 101	53	
Zahlen und Operationen	Reise ins Land der Rechengeschichten (Skizzen)	102	54	
	Das kann ich schon 5 / Überprüfen und üben 5	103, 104	55	
Zahlen und Operationen	So viele Möglichkeiten! (Kombinatorik)	105	56	
Größen und Messen	Unser Geld: Münzen	106, 107	57	13
	Unser Geld: Münzen und Scheine	108	58	13
	Euro und Cent	109	58	13
	Reise ins Land der Rechengeschichten (Signalwörter)	110, 111	59	
Zahlen und Operationen	Für nimmersatte Mathebären	112, 113	60	
	Geheimnisse der Hundertertafel	114, 115	61	
Größen und Messen	Reise ins Land der Rechengeschichten (Signalwörter)	116, 117	62	
Raum und Form	Von Flächen, Ecken und Kanten	118, 119	63	14
	Flächeninhalt und Umfang	120	63	
	Das kann ich schon 6 / Überprüfen und üben 6	121, 122	64	
Zahlen und Operationen	Rechenmauern	123	65	
Größen und Messen	Reise ins Land der Rechengeschichten (einfache Zeichnungen)	124, 125	66	
	Reise ins Land der Rechengeschichten (Plausibilitätsprüfung)	126, 127	67	
Raum und Form	Spiegelburg	128, 129	68	
Zahlen und Operationen	Reise ins Land der Rechengeschichten (Wiederholung)	130, 131	69	16
Größen und Messen	Die Uhr im Alltag	132	70	9
	Kreuz und quer durchs Schuljahr (Wiederholung)	133, 134	71, 72	
	Wir schließen unser Mathebuch	135	72	15
	Meine Mathebegriffe	136		

Mein Mathebuch

Aufgabenniveau
Die Aufgaben im Buch sind unterschiedlich gekennzeichnet.
1. Dies sind einfache Übungsaufgaben.
2. Hier kannst du Zusammenhänge entdecken.
3. Bei diesen Aufgaben musst du gründlich überlegen.

Gelbe Unterlegungen
Manche Aufgaben sind gelb unterlegt: 21 + 9 = ☐
Dazu gibt es Hilfen am Rand.

Immer wieder, immer wichtig
Regelmäßige Übung macht dich fit. Trainiere diese Aufgaben immer wieder 6 bis 8 Minuten lang. Im Lauf der Zeit schaffst du immer mehr.

Aufgabenkonferenz
Besprich dich in der Gruppe.

Lösungszahlen
Kontrolliere mit den blauen Zahlen in den Klammern (5) oder unter den Aufgaben 7, 12, 15, 19 deine Lösungen.

Das kann ich schon
Hier kannst du erproben, was du kannst.

Überprüfen und üben
Hier findest du zu den „Das kann ich schon"-Seiten die Lösungen mit genauen Übungshinweisen.

Unser Mathebuch
Erfinde eigene Aufgaben für „Unser Mathebuch".
Die Anleitung findest du auf Seite 23.

Meine Mathebox
Das Freiarbeitsmaterial in deinem Arbeitsheft enthält neue Kärtchen für deine Mathebox.
Schneide die Kärtchen aus und übe damit.

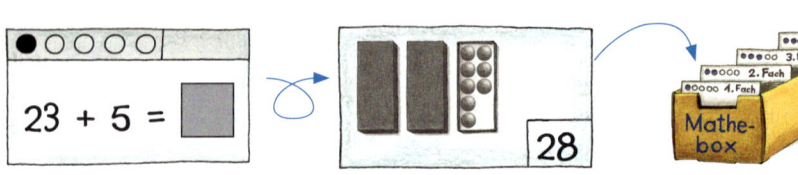

1. Lies die Aufgabe.
2. Schreibe die Aufgabe mit dem Ergebnis auf.
3. Drehe das Kärtchen um und überprüfe dein Ergebnis.
4. Richtig gerechnet? Dann wandert das Kärtchen ein Fach weiter.

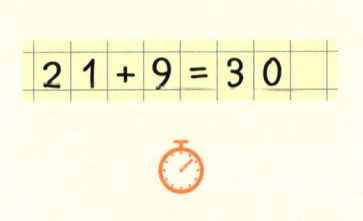

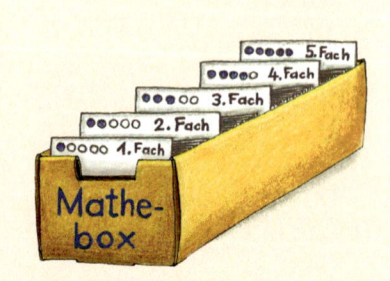

AH FA Hier findest du passende Seiten aus deinem Arbeitsheft und zur Freiarbeit.

Reise ins Land der Rechengeschichten

Auch in der 2. Klasse reisen wir mit Bibu durch das Land der Rechengeschichten. An jeder Station erfährst du wieder etwas Wichtiges. Gute Reise!

Sei schlau, lies genau!

→ S. 10, 15, 100, 101 und 124

Erst spielen oder erzählen, dann die Rechnung wählen.

Am Anfang ...   Dann ...   Am Ende ...

→ S. 10, 14 und 130

Signalwörter erkennen, Rechenzeichen nennen!

zusammen   insgesamt
weg   dazu   übrig bleiben

→ S. 10, 32, 33, 110, 111, 116, 117 und 130

Zeichne einfach, zeichne klar, schon stellt sich die Lösung dar.

→ S. 11, 102, 124, 125 und 130

Die Frage führt zur Antwort.

F: Wie viele   Honiggläser gibt Bibu ab   ?
A: 4   .

→ S. 11, 56, 57 und 131

Diese Station ist neu:

Nach dem Rechnen fällt mir ein, wird die Antwort logisch sein?

→ S. 126, 127 und 131

In der 2. Klasse

Marie
Fensterreihe,
1. Tischzeile,
linker Platz

1. Tischzeile

2. Tischzeile

3. Tischzeile

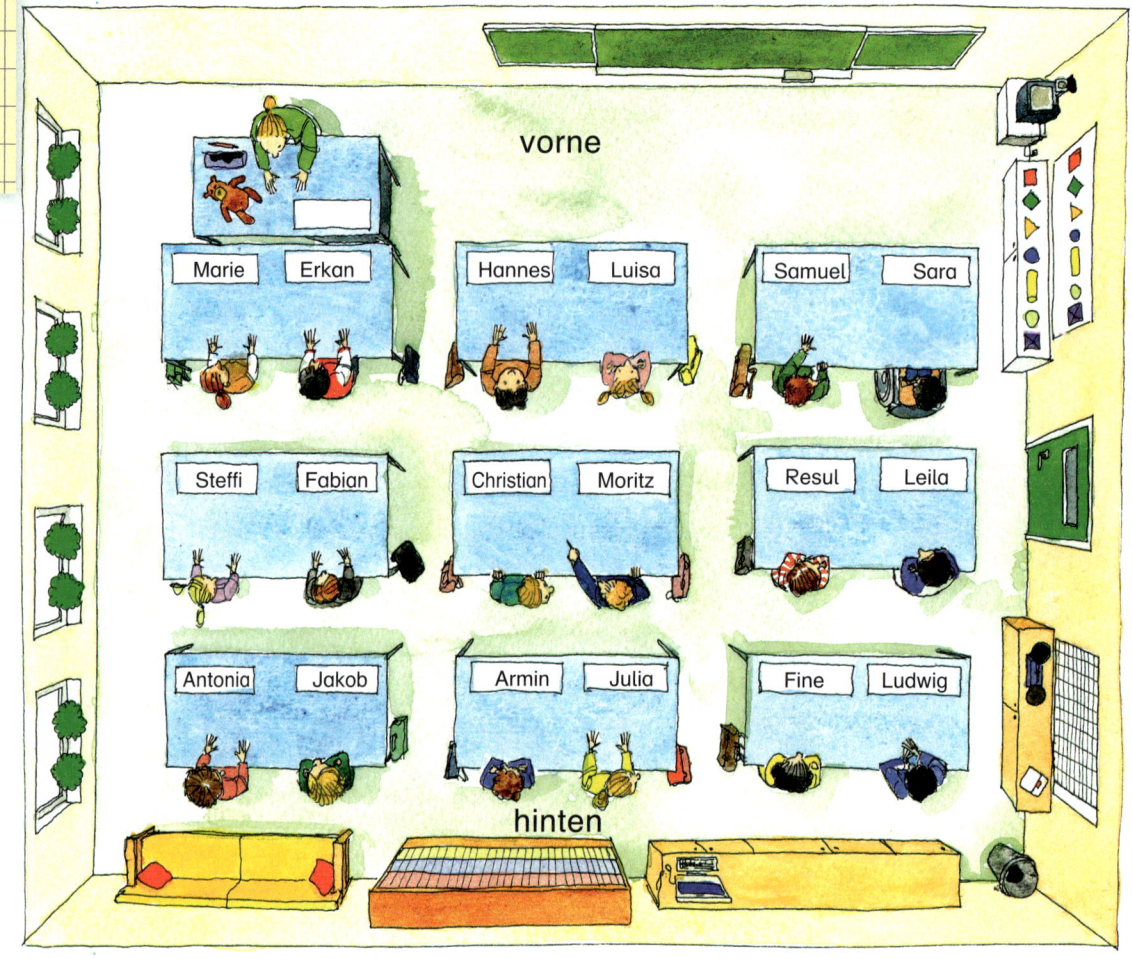

① Wo sitzen die Kinder?
   Marie, Christian, Sara, Samuel, Leila, Jakob, Armin, Ludwig

vorne

Marie	Erkan	Hannes	Luisa	Samuel	Sara
Steffi	Fabian	Christian	Moritz	Resul	Leila
Antonia	Jakob	Armin	Julia	Fine	Ludwig

hinten

Fensterreihe   Mittelreihe   Türreihe

② Wo sitzen die Kinder? Beschreibe aus Sicht der Lehrerin.
   Was fällt dir auf?
   Marie, Christian, Sara, Samuel, Leila, Jakob, Armin, Ludwig

③ Zu welchem Kind wandert der Radiergummi? Beschreibt
   euch gegenseitig verschiedene Wege aus Sicht der Kinder.

Marie
Fensterreihe,
1. Tischzeile,
rechter Platz

Links

"Der Radiergummi wandert von Christian aus eine Tischzeile nach vorne und drei Plätze nach rechts."

"Er ist jetzt bei Sara."

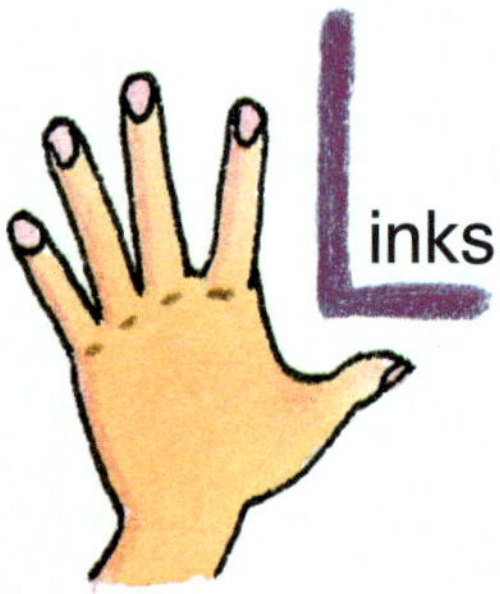

AH Seite 1   Lagebegriffe verwenden; verschiedene Perspektiven einnehmen

Wo ist nur mein ...?

1 Erzähle aus deiner Sicht. Wer sieht die Gegenstände ...
 a) ... von vorne?   b) ... von hinten?   c) ... von links?
 d) ... von rechts?   e) ... von oben?

Herr Roos
Samuel
Hannes
Armin
Luisa

Aus welcher Sicht kann die Gegenstände niemand sehen?

2 Wer sieht die Gegenstände so?
 a)   b)   c)   d)   e)

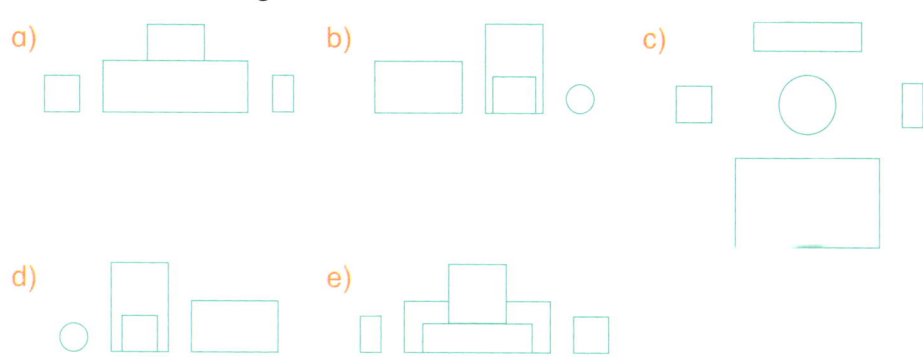

3 a) Wo liegt der Würfel? Beschreibe die Lage aus Sicht der Kinder.
 Verwende die Wörter vom Rand.
 b) Beschreibe die Lage der anderen Gegenstände aus Sicht der Kinder.

hinter
links neben ← zwischen → rechts neben
vor

4 Legt eigene Gegenstände auf den Tisch und beschreibt sie euch gegenseitig wie in Aufgabe 3.

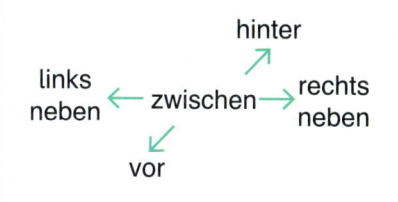

Lagebeziehungen beschreiben; verschiedene Perspektiven einnehmen

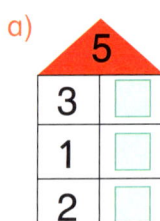

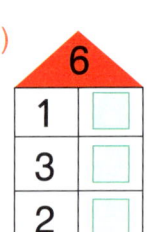

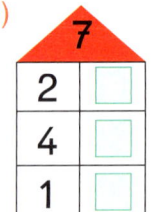

Meine Rechentricks

Die kleine Aufgabe hilft!

1 2 + 3 = 1 5

denn

2 + 3 = 5

Setz ich ein = Zeichen ein, muss links und rechts gleich viel sein!

1 3 + 5 = 1 8
   1 8   1 8

Umkehraufgabe: Ist der Platz ganz vorne leer, rechne ich von hinten her.

☐ + 3 = 1 4
1 4 − 3 = 1 1

Ist eine Aufgabe recht schwer, hol ich mir Verwandte her.

3 + 1 2 = 1 5
1 2 + 3 = 1 5
1 5 − 1 2 = 3
1 5 − 3 = 1 2

2 + 2 = 4

4 = 2 + 2

---

①
a) 12 + 3 = ☐   b) 12 + 7 = ☐   c) 18 − 6 = ☐   d) 20 − 3 = ☐
   13 + 6 = ☐   15 + 3 = ☐   19 − 8 = ☐   20 − 5 = ☐
   14 + 4 = ☐   13 + 4 = ☐   17 − 5 = ☐   20 − 8 = ☐
   11 + 6 = ☐   11 + 5 = ☐   19 − 5 = ☐   20 − 4 = ☐

11, 12, 12, 12, 14, 15, 15, 16, 16, 17, 17, 17, 18, 18, 19, 19

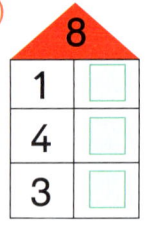

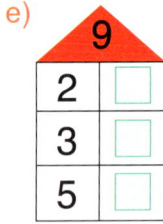

②
a) 13 + ☐ = 18   b) 19 − ☐ = 13   c) 15 = 4 + ☐   d) 11 = 18 − ☐
   16 + ☐ = 19   15 − ☐ = 10   19 = 8 + ☐   12 = 20 − ☐
   11 + ☐ = 19   17 − ☐ = 12   18 = 6 + ☐   17 = 20 − ☐
   17 + ☐ = 20   13 − ☐ = 11   17 = 4 + ☐   12 = 19 − ☐

2, 3, 3, 3, 5, 5, 5, 6, 7, 7, 8, 8, 11, 11, 12, 13

③
a) ☐ + 3 = 14   b) ☐ − 8 = 11   c) ☐ + 3 = 16   d) ☐ − 5 = 11
   ☐ + 1 = 18   ☐ − 5 = 12   ☐ + 4 = 15   ☐ − 8 = 10
   ☐ + 5 = 20   ☐ − 4 = 15   ☐ + 7 = 20   ☐ − 7 = 13
   ☐ + 2 = 16   ☐ − 1 = 19   ☐ + 9 = 20   ☐ − 5 = 12

11, 11, 11, 13, 13, 14, 15, 16, 17, 17, 17, 18, 19, 19, 20, 20

④ Kleeblätter:
a) 3 / 15, 12   b) 7 / 20, 13   c) 13 / 19, 6   d) 11 / 16, 5   e) 14 / 17, 3

⑤ Häuser:
a) Dach 5: 3, 1, 2
b) Dach 6: 1, 3, 2
c) Dach 7: 2, 4, 1
d) Dach 8: 1, 4, 3
e) Dach 9: 2, 3, 5

⑥ Verdoppeln heißt: Das Gleiche noch einmal!
2, 6, 5, 3, 9, 7, 4, 10, 8, 1

⑦ Halbieren heißt: In zwei gleiche Teile zerlegen!
4, 14, 8, 16, 20, 18, 10, 12, 2, 6

8 Erkläre die Tricks. Welcher gefällt dir am besten? Begründe.

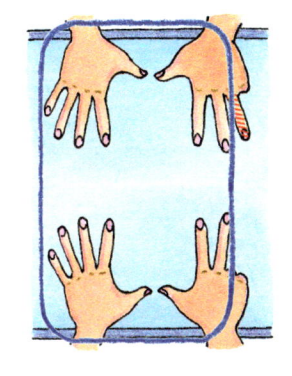

Verdoppeln und dann weiterrechnen!	**Bis zur 10,** dann weitergeh'n!	**Tauschaufgabe:** Große Zahl nach vorn!
8 + 9 = (8 + 8) + 1 = 16	8 + 9 = (8 + 2) + 7 = 10	2 + 9 = 9 + 2 =

9
a)
6 + 8 =
7 + 9 =
8 + 4 =
7 + 6 =

b)
8 + 6 =
9 + 8 =
5 + 7 =
7 + 8 =

c)
2 + 9 =
4 + 8 =
3 + 9 =
5 + 9 =

d)
8 + 3 =
6 + 9 =
6 + 7 =
8 + 5 =

11, 11, 12, 12, 12, 12, 13, 13, 13, 14, 14, 14, 15, 15, 16, 17

10 Erkläre die Tricks. Welcher gefällt dir am besten? Begründe.

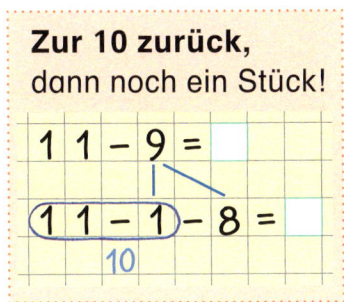

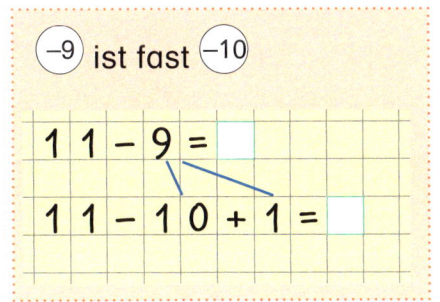

Zur 10 zurück, dann noch ein Stück!	−9 ist fast −10
11 − 9 = (11 − 1) − 8 = 10	11 − 9 = 11 − 10 + 1 =

11
a)
11 − 9 =
12 − 7 =
14 − 5 =
10 − 7 =

b)
12 − 5 =
15 − 8 =
16 − 9 =
17 − 8 =

c)
13 − 9 =
15 − 9 =
17 − 9 =
12 − 9 =

d)
15 − 7 =
16 − 8 =
13 − 6 =
14 − 8 =

2, 3, 3, 4, 5, 6, 6, 7, 7, 7, 7, 8, 8, 8, 9, 9

12 Welche Tricks helfen dir?

a)
8 − 7 =
9 + 6 =
9 − 6 =
8 + 7 =

b)
12 − 8 =
5 + 8 =
16 − 7 =
7 + 7 =

c)
8 + 8 =
8 − 8 =
3 + 8 =
13 − 8 =

d)
4 + 9 =
14 − 9 =
8 + 9 =
18 − 9 =

0, 1, 3, 4, 5, 5, 9, 9, 11, 13, 13, 14, 15, 15, 16, 17

Manchmal helfen verschiedene Tricks.

Rechenstrategien nutzen

Reise ins Land der Rechengeschichten

Lies alle Rechengeschichten ganz genau.
Erzähle sie dann in eigenen Worten.
Schreibe: **F**rage (F), **R**echnung (R), **A**ntwort (A)

Sei schlau, lies genau

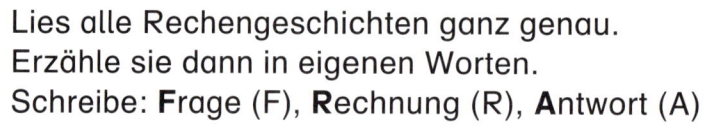

①

a) Am Anfang sieht Bibu in Afrika 3 Kamele.
Dann eilt ein weiteres Kamel dazu.
F: Wie viele Kamele sind am Ende da?

b) Am Wasserloch beobachtet Bibu 13 Tiere. Bald haben 2 erwachsene Elefanten und 4 Jungtiere ihren Durst gelöscht und trampeln davon.
F: Wie viele Tiere sind noch am Wasserloch?
Erzähle so: Am Anfang ... Dann ... Am Ende ...

Erst spielen oder erzählen, dann die Rechnung wählen.

②

a) In Russland kauft Bibu eine Puppe.
Darin entdeckt er 6 weitere Püppchen.
F: Wie viele Puppen hat Bibu nun **insgesamt**?

b) Auf dem Roten Platz trifft Bibu eine Schulklasse.
Die 8 Jungen tragen weiße Hemden, die 9 Mädchen haben blaue Röcke an.
F: Wie viele Schulkinder sind das **zusammen**?

c) Vor seiner Abreise kauft Bibu 11 Postkarten.
7 Karten schickt er gleich **weg**.
F: Wie viele Karten hat Bibu noch **übrig**?

Signalwörter erkennen, Rechenzeichen nennen!

③

a) In Italien bestellt Bibu 13 Kugeln Eis. Er möchte 7 Kugeln Schokoladeneis, die restlichen Kugeln Vanilleeis.
   F: Wie viele Kugeln Vanilleeis bekommt Bibu? Zeichne.

b) 11 Kinder setzen sich in die Eisdiele. An jeden Tisch passen 4 Kinder.
   F: Wie viele Tische brauchen sie? Zeichne.

Zeichne einfach, zeichne klar, schon stellt sich die Lösung dar.

④

a) Bibu fotografiert Pinguine am Südpol. Erschrocken springen danach 8 Tiere ins Wasser. Jetzt kann er nur noch 2 Pinguine sehen.

   F: Wie viele Pinguine sind auf dem Foto ?
   A: ☐ .

Die Frage führt zur Antwort.

b) Bibu füttert 4 Robben. Sofort schwimmen weitere Robben herbei. Jetzt muss Bibu insgesamt 6 Robben füttern.

   F: Wie viele Robben kamen dazu ?
   A: ☐ .

⑤ Erfinde weitere Rechengeschichten zu folgenden Aufgaben.
   a) 8 + 4 = ☐   b) 15 − 7 = ☐   c) 11 + 3 − 5 = ☐
   d) 7 + 7 = ☐   e) 16 − 9 = ☐   f) 15 − 8 + 3 = ☐

Einfache Darstellungsformen für das Bearbeiten mathematischer Probleme nutzen

Rechnen bis 20: ➕ Tafel und ➖ Tafel

+	0	1	2	3	4	5	6	7	8	9	10
0	0+0	0+1	0+2	0+3	0+4	0+5	0+6	0+7	0+8	0+9	0+10
1	1+0	1+1	1+2	1+3	1+4	1+5	1+6	1+7	1+8	1+9	1+10
2	2+0	2+1	2+2	2+3	2+4	2+5	2+6	2+7	2+8	2+9	2+10
3	3+0	3+1	3+2	3+3	3+4	3+5	3+6	3+7	3+8	3+9	3+10
4	4+0	4+1	4+2	4+3	4+4	4+5	4+6	4+7	4+8	4+9	4+10
5	5+0	5+1	5+2	5+3	5+4	5+5	5+6	5+7	5+8	5+9	5+10
6	6+0	6+1	6+2	6+3	6+4	6+5	6+6	6+7	6+8	6+9	6+10
7	7+0	7+1	7+2	7+3	7+4	7+5	7+6	7+7	7+8	7+9	7+10
8	8+0	8+1	8+2	8+3	8+4	8+5	8+6	8+7	8+8	8+9	8+10
9	9+0	9+1	9+2	9+3	9+4	9+5	9+6	9+7	9+8	9+9	9+10
10	10+0	10+1	10+2	10+3	10+4	10+5	10+6	10+7	10+8	10+9	10+10

① Nachbaraufgaben! Erkläre und rechne.

a)
	7 + 9	
8 + 8	8 + 9	8 + 10
	9 + 9	

b)
	12 − 9	
11 − 8	11 − 9	11 − 10
	10 − 9	

② Suche in der ➕ Tafel und der ➖ Tafel die Nachbaraufgaben. Welche helfen dir beim Rechnen? Erkläre.

a) 9 + 2   b) 5 + 9   c) 9 + 6   d) 6 + 7   e) 7 + 8
f) 12 − 3   g) 15 − 9   h) 17 − 9   i) 14 − 6   j) 16 − 7

③ Zeige auf eine Aufgabe in der ➕ Tafel oder in der ➖ Tafel. Dein Partner nennt das Ergebnis. Wechselt euch ab.

Nachbaraufgaben
	7 + 9	
8 + 8	8 + 9	8 + 10
	9 + 9	

−	0	1	2	3	4	5	6	7	8	9	10
20	20−0	20−1	20−2	20−3	20−4	20−5	20−6	20−7	20−8	20−9	20−10
19	19−0	19−1	19−2	19−3	19−4	19−5	19−6	19−7	19−8	19−9	19−10
18	18−0	18−1	18−2	18−3	18−4	18−5	18−6	18−7	18−8	18−9	18−10
17	17−0	17−1	17−2	17−3	17−4	17−5	17−6	17−7	17−8	17−9	17−10
16	16−0	16−1	16−2	16−3	16−4	16−5	16−6	16−7	16−8	16−9	16−10
15	15−0	15−1	15−2	15−3	15−4	15−5	15−6	15−7	15−8	15−9	15−10
14	14−0	14−1	14−2	14−3	14−4	14−5	14−6	14−7	14−8	14−9	14−10
13	13−0	13−1	13−2	13−3	13−4	13−5	13−6	13−7	13−8	13−9	13−10
12	12−0	12−1	12−2	12−3	12−4	12−5	12−6	12−7	12−8	12−9	12−10
11	11−0	11−1	11−2	11−3	11−4	11−5	11−6	11−7	11−8	11−9	11−10
10	10−0	10−1	10−2	10−3	10−4	10−5	10−6	10−7	10−8	10−9	10−10

4 Schöne Türme! Was fällt dir auf?

a)
20 − 6 =
19 − 6 =
18 − 6 =
17 − 6 =
16 − 6 =

b)
4 + 6 =
5 + 6 =
6 + 6 =
7 + 6 =
8 + 6 =

c)
10 − 7 =
11 − 7 =
12 − 7 =
13 − 7 =
14 − 7 =

d)
10 + 7 =
9 + 7 =
8 + 7 =
7 + 7 =
6 + 7 =

Alle Aufgaben der ⊕ Tafel und der ⊖ Tafel sollst du in der 2. Klasse im Kopf lösen.

5 Suche alle Rechnungen aus Aufgabe 4 in der ⊕ Tafel und in der ⊖ Tafel. Verlängere die schönen Türme.

6 Bilde weitere schöne Türme. Die ⊕ Tafel und die ⊖ Tafel helfen dir.

Über die Finger in den Kopf!

Zahlensätze des Einspluseins und Einsminuseins automatisiert anwenden

Reise ins Land der Rechengeschichten

F: (Frage)
R: (Rechnung)
A: (Antwort)

6 € + 5 € = ☐ €

19 € − 10 € = ☐ €

20 € − ☐ € = 3 €

3 € + 10 € = ☐ €

6 € + ☐ € = 13 €

☐ € − 2 € = 11 €

Erst spielen oder erzählen, dann die Rechnung wählen.

1 Erzähle und spiele die Rechengeschichten.
Schreibe dann: F, R, A

Am Anfang …   Dann …   Am Ende …

a)

b)

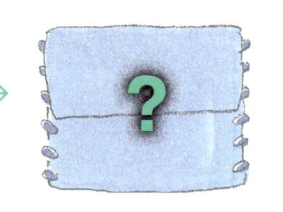

2 Welche Rechnung vom Rand passt zu welcher Rechengeschichte?
Erzähle: Am Anfang … Dann … Am Ende …
Schreibe dann: F, R, A

a) In Samuels Sparschwein sind 3 €. Oma steckt 10 € hinein.
F: Wie viele € sind nun in Samuels Sparschwein?

b) Paula kauft Nüsse für 2 €. Nun hat sie nur noch 11 €.
F: Wie viele € hatte Paula am Anfang?

c) Endlich hat Rico 20 € gespart. Er saust los und kauft sich den ersehnten Fußball. Am Ende hat er nur noch 3 €.
F: Wie viele € kostete der Fußball?

d) 6 € sind bereits in Leilas Sparschwein. Sie spart fleißig auf ein Armband für 13 €.
F: Wie viele € muss Leila noch sparen?

3 Hanna öffnet ihr Sparschwein. Sie findet darin einen 5-€-Schein, zwei 1-€-Münzen und vier 2-€-Münzen. Oma schenkt ihr 5 €.
F: Wie viele € hat Hanna jetzt?

4 Erzähle und schreibe Rechengeschichten:
Am Anfang … Dann … Am Ende …

a) 6 + 7 = ☐
b) 8 + ☐ = 11
c) ☐ + 7 = 15
d) 15 − 6 = ☐
e) 12 − ☐ = 3
f) ☐ − 4 = 9

5 Was machst du bei Rechengeschichten **zuerst**? Erkläre.
  genau rechnen   genau lesen   genau schreiben

6 Immer zwei Rechengeschichten sind ähnlich.
Welche sind das? Wie unterscheiden sie sich?

a)
Ludwig bekommt einen 5-€-Schein.
Zuvor hatte er 6 €.
F: Wie viel Geld hat er nun?

b)
Ludwig verliert einen 5-€-Schein.
Zuvor hatte er 6 €.
F: Wie viel Geld hat er nun?

c)
Antonia gibt 5 € in ihr Sparschwein.
Nun sind 15 € darin.
F: Wie viel Geld war zuvor im Sparschwein?

d)
Antonia nimmt 5 € aus ihrem Sparschwein.
Nun sind 15 € darin.
F: Wie viel Geld war zuvor im Sparschwein?

6 € + 5 € = ☐ €

☐ € + 5 € = 15 €

6 € − 5 € = ☐ €

☐ € − 5 € = 15 €

7 Verändere die Rechengeschichten aus Aufgabe 6 so, dass sie zu dieser Erzählreihenfolge passen:
Am Anfang … Dann … Am Ende …
Schreibe dann: F, R, A.

8 Sei schlau, lies genau. Warum kann man diese Rechengeschichten nicht lösen? Verändere sie so, dass du dazu rechnen kannst. Schreibe dann: F, R, A.

a)
Christian hat 7 €. Er bekommt von Oma 3 €.
F: Wie viel Geld hat Christa nun?

b)
Luisa hat 7 €. In der Eisdiele gibt sie 3 € aus.
F: Wie viele Münzen hat Luisa nun?

c)
Fine hat 14 €. Ihr Opa schenkt ihr Geld.
Jetzt hat Fine 19 €.
F: Wie viel Geld bekam sie von Oma geschenkt?

d)
Jakob hat 14 € in der Börse. Er kauft ein Buch.
Jetzt hat er noch 9 €.
F: Wie viele € kostet die Börse?

Sei schlau, **lies genau!**

Informationen zu Größen aus verschiedenen Quellen entnehmen

Zählen und Muster malen

Solch ein Holzboden heißt Parkett. Was fällt dir daran auf?

① Zeichne die Parkettmuster in dein Heft: 12 Kästchen lang und 12 Kästchen breit. Worauf musst du achten?

a) b)

c)  d)

e) 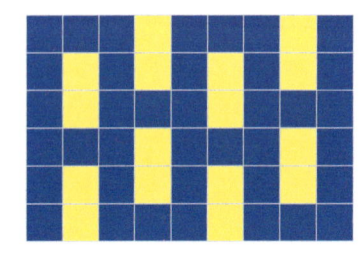 f)

g) 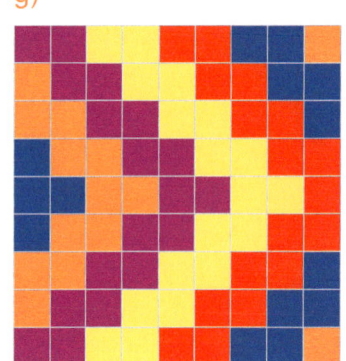 h)

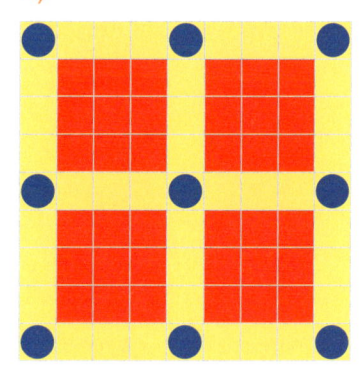

② Erfinde eigene Muster. Verziere damit dein Matheheft.

③ Zeichne die Muster in dein Heft und setze sie fort: 12 Kästchen lang und 12 Kästchen breit.

a) b)

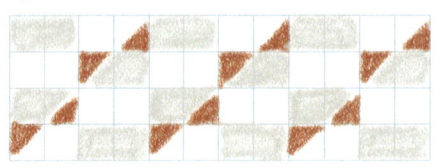

In einem Muster wiederholen sich Farben und Formen.

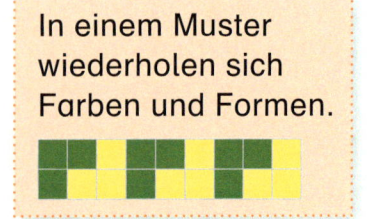

④ Gestalte mit Mustern ein Band. Bastle damit.

Gesetzmäßigkeiten in geometrischen Mustern bestimmen und beschreiben

Formen legen

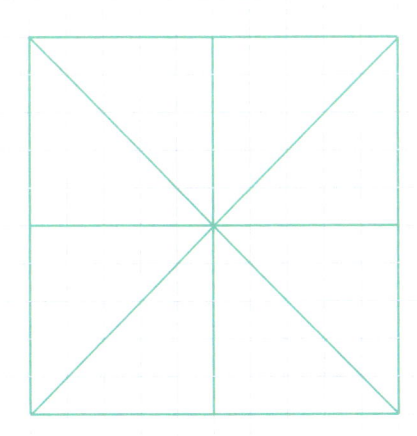

1
- Zeichne mit dem Lineal genau ab.
- Male das Quadrat an.
- Schneide entlang der Linien.
- Welche Formen kannst du legen? Erst nachdenken, dann legen.
- Lege ein ▢, dann ein △. Verwende immer alle 8 Dreiecke. Beschreibe, wie du legst.

2 Lege diese Formen mit den Dreiecken aus Aufgabe 1 nach. Überlege zuerst: Wie musst du die Dreiecke drehen und zusammenfügen?

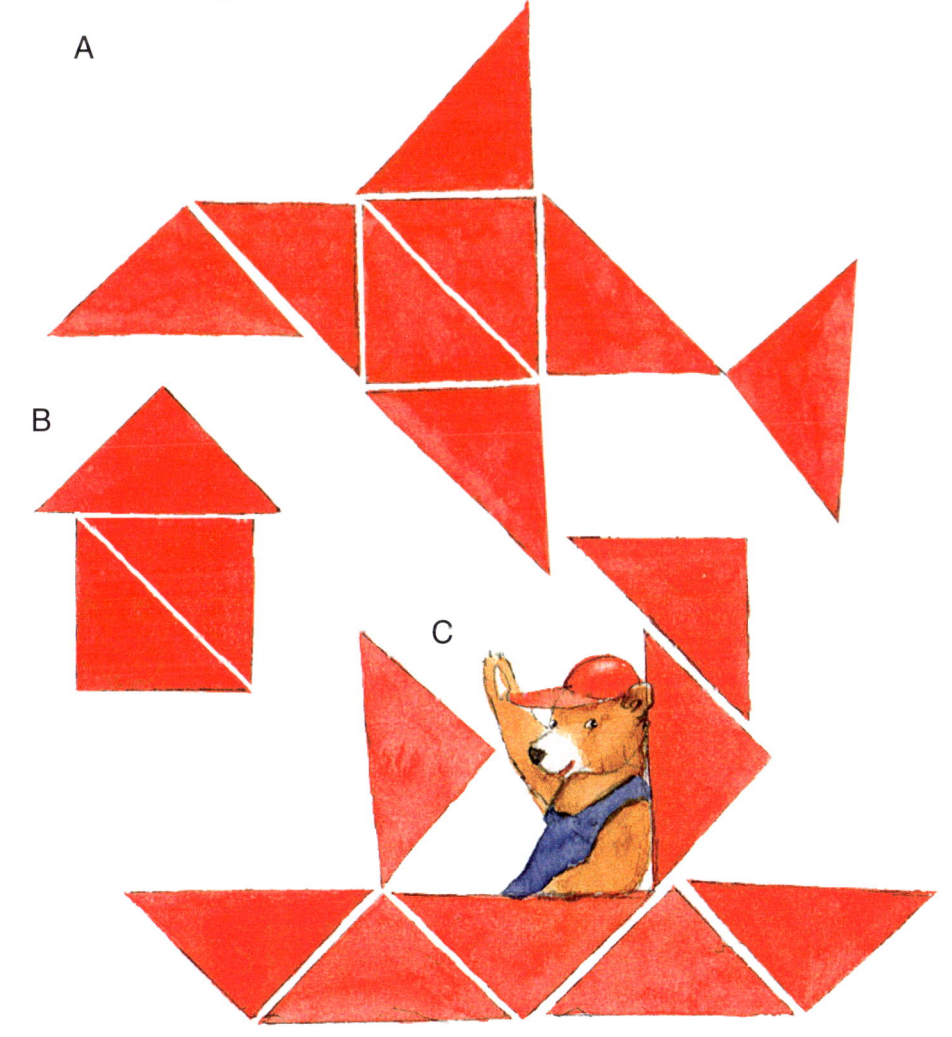

A

B

C

Kannst du auch diese Formen legen?

3 Lege mit den Dreiecken eine Figur, so dass sie dein Partner nicht sieht. Beschreibe die Figur ganz genau, dein Partner legt sie nach.

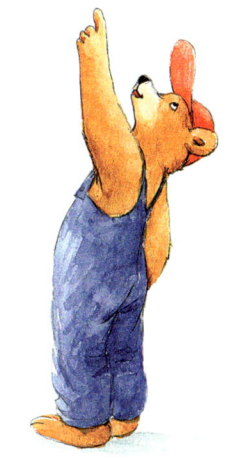

Ergebnisse von an Flächenformen durchgeführten Handlungen beschreiben

Zahlen bis 100 schnell erkennen

① **Erbsen zählen**
- Legt Erbsen auf den Tisch. Schätzt zuerst, wie viele es sind.
- Füllt nun immer 10 Erbsen in eine Schachtel.
- Wie viele Zehnerschachteln sind voll?
- Wie viele einzelne Erbsen bleiben übrig?

Zehnerschachteln basteln

1. Mit blauem Papier bekleben
2. Steg einkleben
3. Erbsen einfüllen

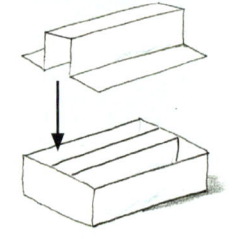

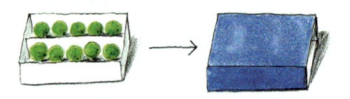

Z Zehnerschachtel, Zehnerstange, Zehner …

E Einzelne, Einerwürfel, Einerkugel, Einer …

② Schreibe immer zuerst die Zehner, dann die Einer.

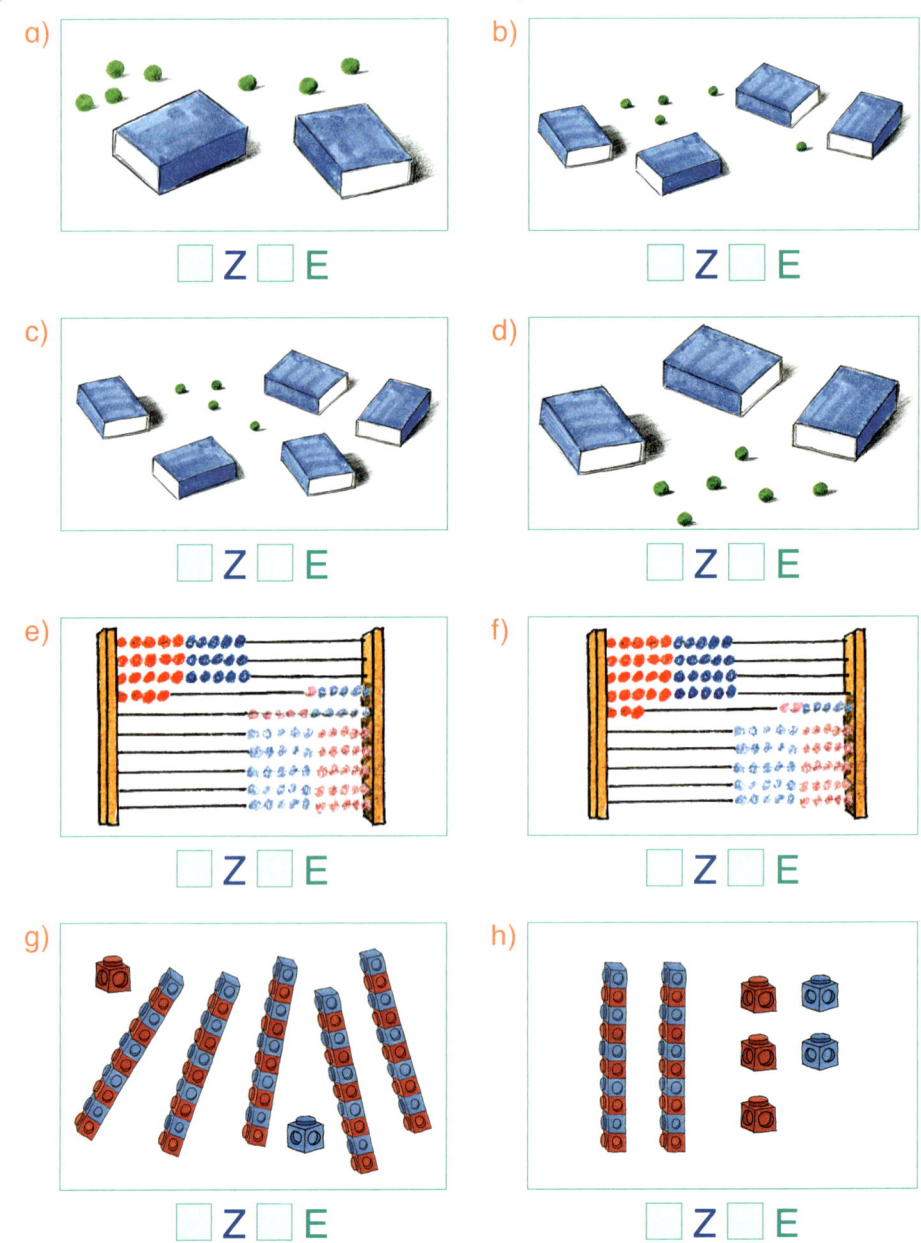

a) ☐ Z ☐ E
b) ☐ Z ☐ E
c) ☐ Z ☐ E
d) ☐ Z ☐ E
e) ☐ Z ☐ E
f) ☐ Z ☐ E
g) ☐ Z ☐ E
h) ☐ Z ☐ E

18 AH Seite 8 FA 1 Mengen schätzen; Struktur des Zehnersystems nutzen

Zahlen malen

1 Zahlen fühlen
- Ein Kind legt eine Zahl mit Zehnerschachteln und Erbsen.
- Das andere Kind tastet und nennt die Zehner und die Einer.
- Wechselt euch ab.

Ich fühle 2 Zehner und 3 Einer.
Richtig!

2
a) ZE ZE ZE ZE
   43 34 71 17
b) ZE ZE ZE ZE
   25 52 86 68
c) ZE ZE ZE ZE
   70   7 90 19

3
a) ZE ZE ZE ZE ZE
   46 64 16 60   6
b) ZE ZE ZE ZE ZE
   30 13 31 53 35
c) ZE ZE ZE ZE ZE
   14 40   4 41 99

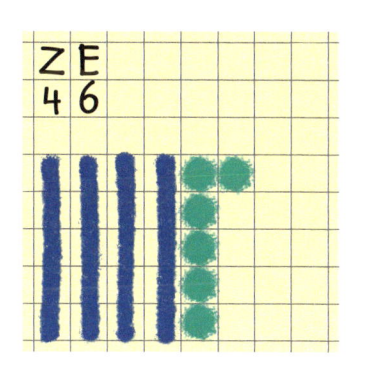

Ich zeichne 10er so:

4 Zeichne und schreibe immer zuerst die Zehner.
a)
b)
c)

36

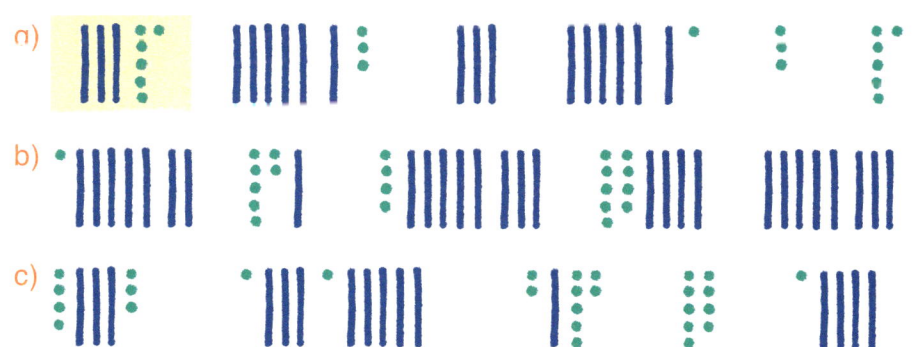

5 Zeichne und schreibe immer zuerst die Zehner.
a) 65, 56, 91, 19, 50, 5, 35, 53, 70, 17
b) 28, 82, 40, 4, 14, 80, 61, 16, 90, 9
c) 12, 21, 20, 2, 17, 71, 6, 60, 34, 43

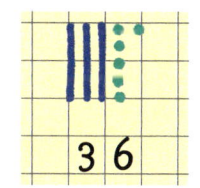

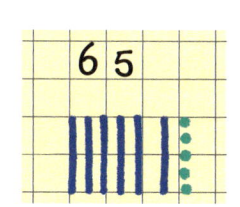

65

Struktur des Zehnersystems nutzen; Zahldarstellungen ineinander überführen nutzen

Zahlen sprechen und schreiben

1 0   zehn

Vor dem Schreiben Zahlen sprechen und dabei den Arm bewegen.

① Schreibe zu jeder Zahl das Wort.

10   20   30   40   50   60   70   80   90   100

dreißig   vierzig   siebzig   hundert
zehn   achtzig
zwanzig   sechzig   fünfzig   neunzig

Zuerst die Einer sprechen: neunund

Dann die Zehner: vierzig

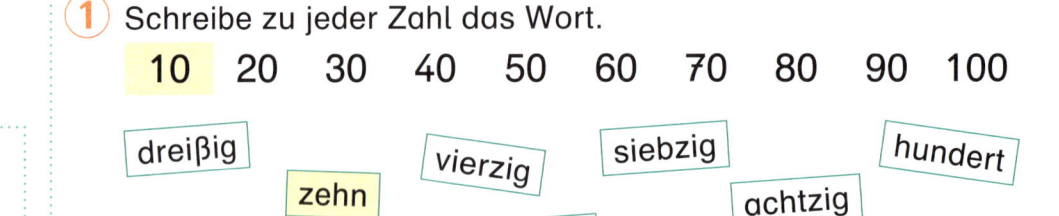

② Lies jedes Zahlwort und bewege dazu deinen Arm wie am Rand. Schreibe nun immer zuerst Zehner und dann Einer.

neunundvierzig   zweiundfünfzig
einundzwanzig   achtundsiebzig
fünfundachtzig   sechsunddreißig
dreiundneunzig   vierundsechzig
siebenunddreißig   neunzehn

19, 21, 36, 37, 49, 52, 64, 78, 85, 93

③ Leihe dir einen Taschenrechner aus.
Tippe die Zahlen von Aufgabe 2 in den Taschenrechner.

Zuerst die Zehner schreiben.

④ ig-Zahlen sind Zehnerzahlen. Schreibe diese zuerst.

a) zweiund**dreiß**ig   30 + 2 = 32   b) dreiundsiebzig
   vierund**fünf**zig   50 + 4 = ☐   neunzig
   sechsund**siebz**ig   70 + ☐ = ☐   vierzehn
   achtund**neunz**ig   ☐ + ☐ = ☐   achtundzwanzig
   einund**achtz**ig   ☐ + ☐ = ☐   sechzig
   dreiund**sechz**ig   ☐ + ☐ = ☐   einundvierzig
   fünfund**vierz**ig   ☐ + ☐ = ☐   siebenundfünfzig
   siebenund**zwanz**ig   ☐ + ☐ = ☐   fünfundneunzig

Zahlen **sprechen** fängt mit **Einern** an, beim **Schreiben** sind zuerst die **Zehner** dran.

neunund**vier**zig
↙
49

⑤ **Zahlen drücken**
Beispiel: Die Zahl 39

- Drücke drei Mal deine beiden Hände flach auf den Rücken eines anderen Kindes.
- Drücke dann neun Mal einen Finger dazu.
- Das andere Kind nennt zuerst die Zehner, dann die Einer und danach die Zahl.

Zahldarstellungen ineinander überführen

Bis 100 zählen

⏱ Seite 19, Aufgabe 2 | ZE 43

1 Lege die Zahlen von 0 bis 100. Sprich dazu.

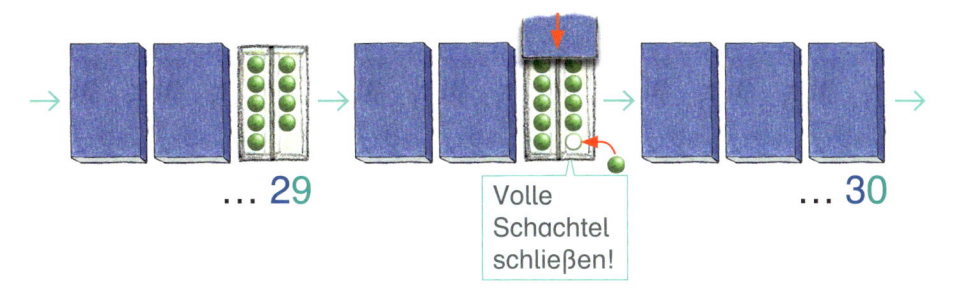

… 29   Volle Schachtel schließen!   … 30

2 Zähle **auswendig**.
a) 0, 1, 2, … 17   b) 18, 19, … 33   c) 34, 35, … 51
d) 52, 53, … 68   e) 69, 70, … 86   f) 87, 88, … 100

3 Lege die Zahlen von 100 bis 0. Sprich dazu.

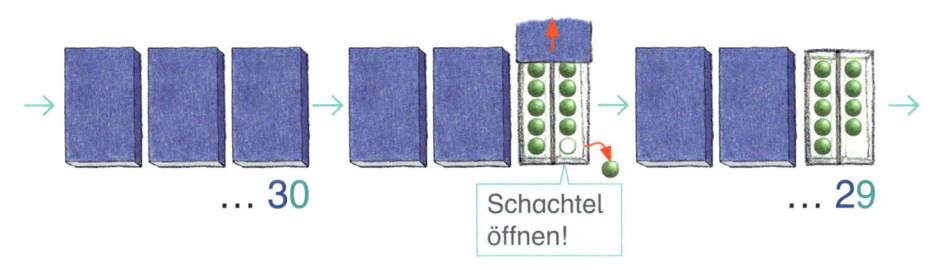

… 30   Schachtel öffnen!   … 29

4 Zähle **auswendig**.
a) 100, 99, … 83   b) 82, 81, … 65   c) 64, 63, … 47
d) 46, 45, … 29   e) 28, 27, … 13   f) 12, 11, … 0

5 Schiebe und sprich dazu. Was entdeckst du?

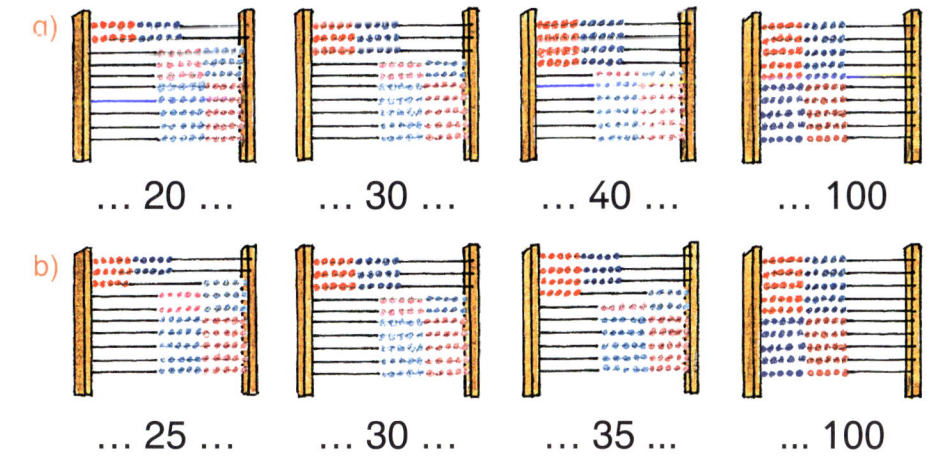

a) … 20 …   … 30 …   … 40 …   … 100

b) … 25 …   … 30 …   … 35 …   … 100

6 Schiebe in 2er-Schritten. Was entdeckst du?
2, … 20, 22, 24, 26, 28, 30, 32, 34, 36, 38, 40, … 100

Im Zahlenraum bis Hundert durch flexibles Zählen orientieren

Zahlen bis 100 vergleichen

① Die kleine Ente steht immer bei der kleinen Zahl und macht von dort aus den Schnabel auf zur großen Zahl.
Sprich: ist kleiner als — ist größer als — ist gleich

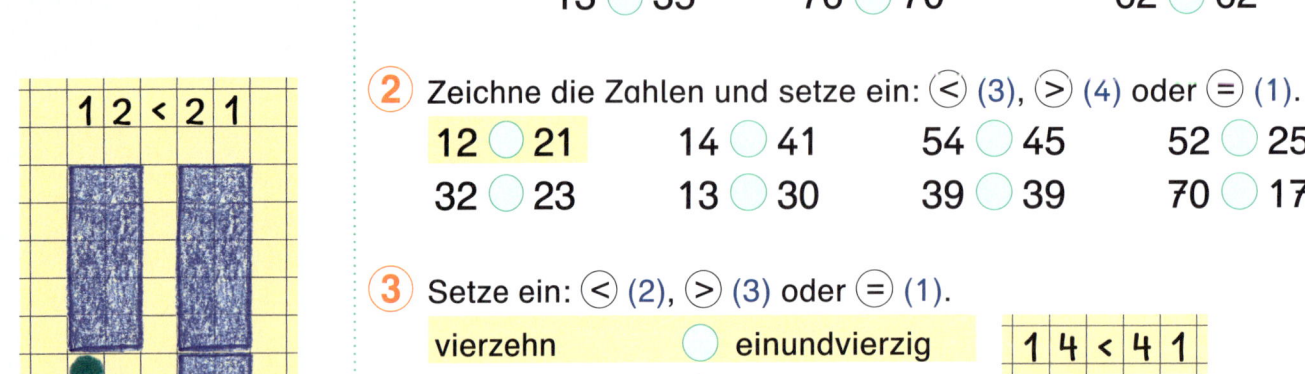

kleiner als

<   >   =

13 ◯ 35   76 ◯ 70   62 ◯ 62

② Zeichne die Zahlen und setze ein: < (3), > (4) oder = (1).

12 ◯ 21   14 ◯ 41   54 ◯ 45   52 ◯ 25
32 ◯ 23   13 ◯ 30   39 ◯ 39   70 ◯ 17

12 < 21

③ Setze ein: < (2), > (3) oder = (1).

vierzehn ◯ einundvierzig
einundsiebzig ◯ siebzehn
fünfundzwanzig ◯ fünfundzwanzig
dreiundvierzig ◯ vierunddreißig
sechzehn ◯ einundsechzig
achtundfünfzig ◯ achtundvierzig

1 4 < 4 1

④ Ordne die Zahlen von groß nach klein.
a) 21, 12, 43, 34, 30   b) 89, 98, 18, 90, 80
c) 17, 70, 7, 71, 0   d) 59, 50, 9, 95, 90
e) 46, 4, 40, 64, 14   f) 70, 37, 7, 73, 17

⑤ Suche in „Mein Mathebuch 2" die folgenden Seiten. Halte die Reihenfolge ein. Schreibe von jeder **Überschrift** den angegebenen Buchstaben auf.
a) Seite 22, 1. Buchstabe / Seite 100, 10. Buchstabe / Seite 85, 9. Buchstabe / Seite 91, 9. Buchstabe / Seite 18, 5. Buchstabe / Seite 63, 6. Buchstabe

b) Seite 38, 3. Buchstabe / Seite 36, 6. Buchstabe / Seite 64, 3. Buchstabe

c) Seite 88, 14. Buchstabe / Seite 80, 6. Buchstabe / Seite 74, 6. Buchstabe / Seite 124, 12. Buchstabe / Seite 77, 2. Buchstabe / Seite 94, 3. Buchstabe / Seite 45, 4. Buchstabe

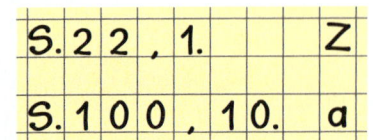

S. 22, 1.   Z
S. 100, 10.   a

a) ☐☐☐☐☐☐   b) ☐☐☐   c) ☐☐☐☐☐☐☐ !

Unser Mathebuch

Erstellt gemeinsam „Unser Mathebuch".

Denke dir Aufgaben aus, welche andere Kinder lösen sollen. Schreibe sie ohne die Lösungen auf ein kariertes Blatt.
„Mein Mathebuch" hilft dir.

Klebe das Blatt auf buntes Kopierpapier.

Lasse dein Aufgabenblatt kopieren.

Schreibe auf die Kopie die Lösungen.

Stecke dein Aufgabenblatt mit dem Lösungsblatt dahinter in eine Klarsichthülle.

Sammelt eure Blätter in dem Ordner „Unser Mathebuch".

> Ich suche mir immer wieder ein Blatt aus. Hier entdecke ich gleich 2 Fehler! Du auch?

> „Unser Mathebuch" wird immer voller!

Welche Zahlen bis 100 haben halb so viele Zehner wie Einer?
12, 24, 36, 46

Welche Zahlen bis 100 haben halb so viele Einer wie Zehner?
21, 42, 64, 84

AH Seite 10

Jede Zahl hat ihr Zuhause: Zahlenstrahl

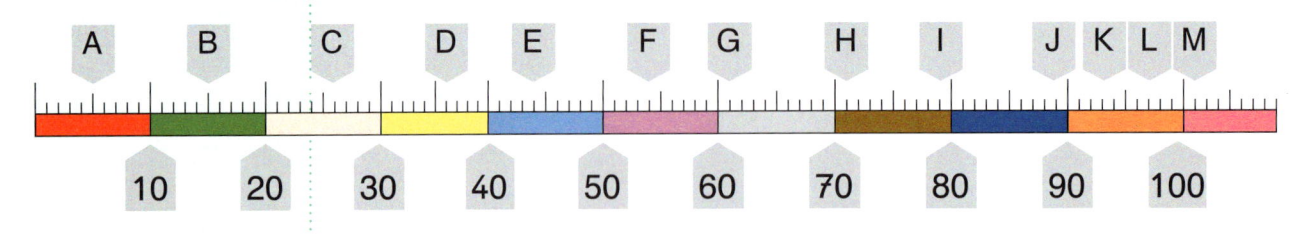

A: 5, B:

① Schreibe zu jedem Buchstaben am Zahlenstrahl die Zahl.

② Male zu jeder Zahl die passende Farbe vom Zahlenstrahl.
a) 15, 35, 65, 6, 46, 86
b) 41, 81, 71, 24, 74, 94
c) 29, 59, 99, 58, 88, 18
d) 52, 62, 92, 27, 37, 47

15, 35, 65

③ Übe mit deinem Partner: Ein Kind zeigt mit einem Stift auf einen Strich am Zahlenstrahl. Das andere Kind nennt die Zahl. Wechselt euch ab.

kleiner Nachbar — großer Nachbar

④ Suche die Zahl **15** am Zahlenstrahl.
1 Einer weniger ist der kleine Einernachbar: 15 − 1 = 14
1 Einer mehr ist der große Einernachbar: 15 + 1 = 16
Schreibe zu jeder Zahl den kleinen und großen Einernachbarn auf.

a) 15, 45, 75, 19, 39, 89
b) 31, 51, 91, 20, 40, 80
c) 48, 78, 28, 69, 9, 49
d) 32, 42, 72, 30, 90, 60

14, 15, 16

⑤ Zu der Zahl **15** findest du am Zahlenstrahl Zehnernachbarn.
Kleiner Zehnernachbar: 10
Großer Zehnernachbar: 20
Zehnernachbarn haben immer 0 Einer.
Schreibe zu jeder Zahl aus Aufgabe 1 die Zehnernachbarn.

10, 15, 20

⑥ **Zahlen raten**
(Spiel für 2 Kinder)
- Ein Kind denkt sich eine Zahl.
- Das andere Kind soll die Zahl durch geschicktes Fragen finden.

Erlaubt:
- < oder > Fragen
- Antwort: ja oder nein.
- Heißt die Zahl ...?

Höchstens 10 Fragen.

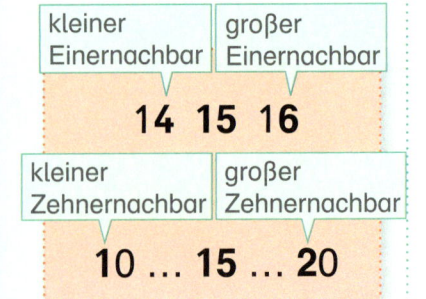

Ist deine Zahl größer als 50? — *Nein!*

kleiner Einernachbar	großer Einernachbar
14	**15** 16

kleiner Zehnernachbar	großer Zehnernachbar
10 ...	**15** ... 20

Beziehungen zwischen Zahlen begründen

Jede Zahl hat ihr Zuhause: Hundertertafel

1	2	3	4	5	6	7	8	9	10
11	12	13	14	15	16	17	18	19	20
21	22	23	24	25	26	27	28	29	30
31	32	33	34	35	36	37	38	39	40
41	42	43	44	45	46	47	48	49	50
51	52	53	54	55	56	57	58	59	60
61	62	63	64	65	66	67	68	69	70
71	72	73	74	75	76	77	78	79	80
81	82	83	84	85	86	87	88	89	90
91	92	93	94	95	96	97	98	99	100

① Betrachte die Hundertertafel. Schreibe daraus auf: alle Zahlen ...
a) ... mit einem Einer
b) ... mit 5 Einern
c) ... mit 0 Einern
d) ... mit 4 Zehnern
e) ... mit 9 Zehnern
f) ... mit 0 Zehnern

② Welche Regeln entdeckst du in der Hundertertafel?

③ Schreibe zu jeder Zahl die Nachbarn aus der Hundertertafel.

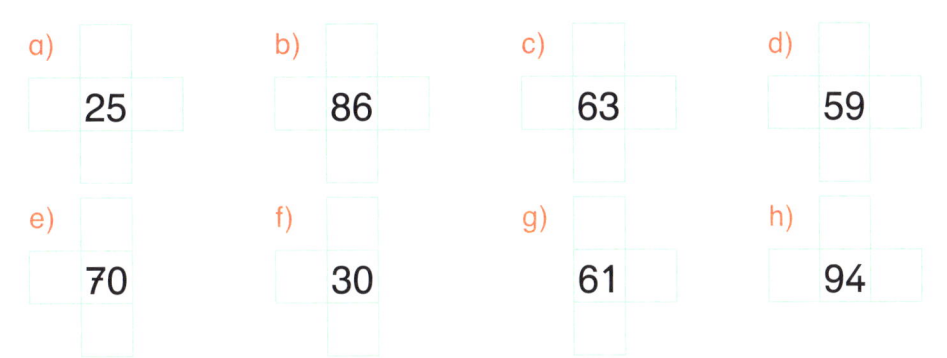

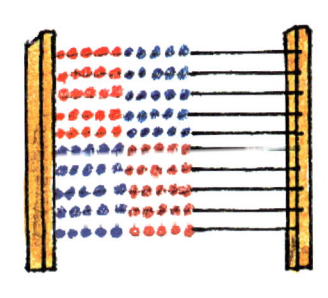

a) 25   b) 86   c) 63   d) 59

e) 70   f) 30   g) 61   h) 94

        1 Z weniger
              15
1 E weniger 24 25 26 1 E mehr
              35
        1 Z mehr

④ Schiebe am Rechenrahmen mit möglichst wenigen Bewegungen.
a) 20, 60, 80, 30, 70
b) 5, 25, 55, 65, 95
c) 31, 61, 49, 89, 99
d) 42, 58, 93, 27, 76
e) 16, 34, 51, 29, 88

⑤ Zahlen zeigen und schieben
(Spiel für 2 Kinder)
- Ein Kind zeigt auf eine Zahl in der Hundertertafel, das andere Kind schiebt diese Zahl am Rechenrahmen.
- Wechselt euch ab.

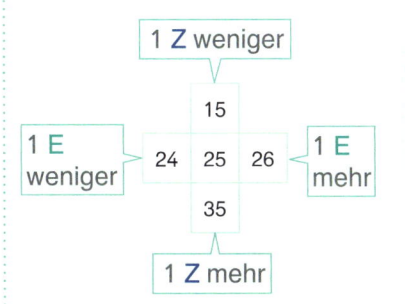

Beziehungen zwischen Zahlen begründen

Der Trick mit den Zehnern

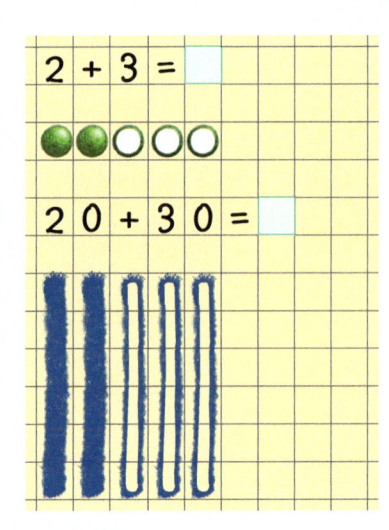

2 + 3 = ☐
20 + 30 = ☐

① Male und rechne. Was fällt dir auf? Erkläre.

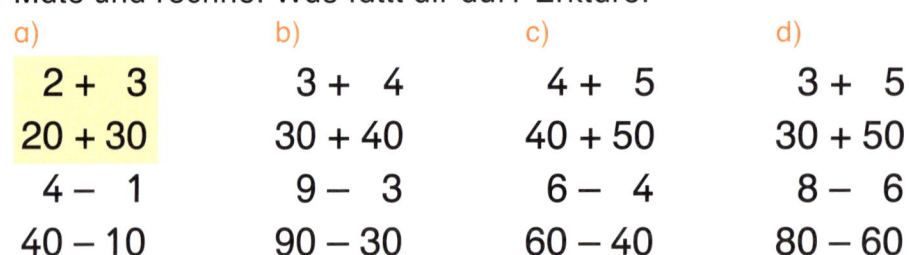

a)	b)	c)	d)
2 + 3	3 + 4	4 + 5	3 + 5
20 + 30	30 + 40	40 + 50	30 + 50
4 − 1	9 − 3	6 − 4	8 − 6
40 − 10	90 − 30	60 − 40	80 − 60

② Oh, keine schönen Türme! Repariere sie.

a)	b)	c)	d)
10 + 10	60 + 10	100 − 80	90 − 70
20 + 20	50 + 20	100 − 70	80 − 60
30 + 30	30 + 30	100 − 60	70 − 50
40 + 40	30 + 40	100 − 40	50 − 40
50 + 40	20 + 50	100 − 50	50 − 30

Ist der Platz ganz vorne leer, rechne ich von hinten her: die Umkehraufgabe!

③
a)	b)	c)
10 + ☐ = 50	☐ + 20 = 60	☐ − 10 = 90
30 + ☐ = 80	☐ + 80 = 90	☐ − 30 = 10
20 + ☐ = 90	☐ + 10 = 20	☐ − 50 = 50
70 − ☐ = 60	☐ + 60 = 80	☐ − 20 = 50
90 − ☐ = 30	☐ + 30 = 60	☐ − 40 = 10
80 − ☐ = 40	☐ + 40 = 40	☐ − 50 = 0

④ Setz ich ein ⊜ Zeichen ein, muss links und rechts gleich viel sein.

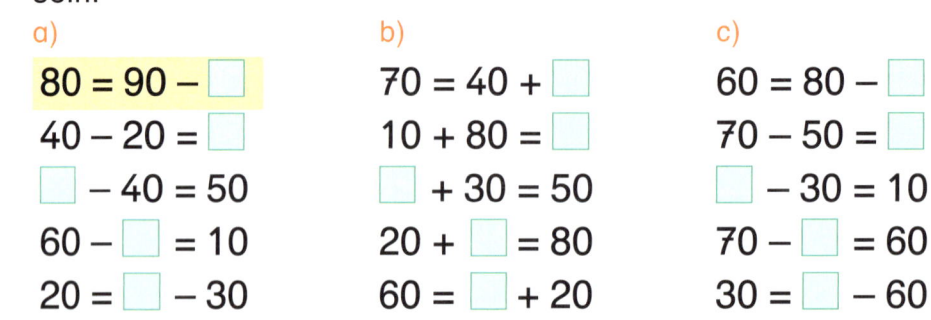

(80) = (90 − 10)
 80   80

a)	b)	c)
80 = 90 − ☐	70 = 40 + ☐	60 = 80 − ☐
40 − 20 = ☐	10 + 80 = ☐	70 − 50 = ☐
☐ − 40 = 50	☐ + 30 = 50	☐ − 30 = 10
60 − ☐ = 10	20 + ☐ = 80	70 − ☐ = 60
20 = ☐ − 30	60 = ☐ + 20	30 = ☐ − 60

⑤ Schreibe zehn Rechnungen mit dem Ergebnis 50.

10 + 40 = 50   60 + 30 − 40 = 50   …

⑥ Schreibe zu den Rechnungen Geschichten.
Beginne die Sätze so: Am Anfang …   Dann …   Am Ende …

a) 20 + ☐ = 30   b) ☐ + 10 = 40   c) ☐ − 20 = 30

Der Trick mit den Zehnern:
2 + 3 = 5
20 + 30 = 50

Rechenstrategien nutzen

Bis 100 rechnen

1 Zeichne und rechne.

a)
30 + 6 = ☐
50 + 7 = ☐
40 + 2 = ☐
20 + 9 = ☐
70 + 4 = ☐

b)
46 − 6 = ☐
32 − 2 = ☐
59 − 9 = ☐
73 − 3 = ☐
98 − 8 = ☐

c)
80 + 4 = ☐
96 − 6 = ☐
20 + 3 = ☐
57 − 7 = ☐
70 + 8 = ☐

23, 29, 30, 36, 40, 42, 50, 50, 57, 70, 74, 78, 84, 90, 90

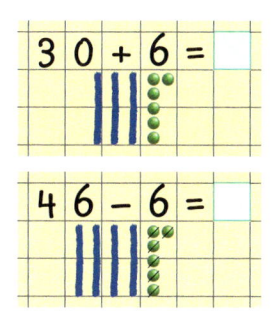

2

a)
20 + ☐ = 25
90 + ☐ = 91
60 + ☐ = 69
10 + ☐ = 18
30 + ☐ = 34
40 + ☐ = 42

b)
26 − ☐ = 20
45 − ☐ = 40
73 − ☐ = 70
84 − ☐ = 80
39 − ☐ = 30
97 − ☐ = 90

c)
99 − ☐ = 90
40 + ☐ = 49
19 − ☐ = 10
50 + ☐ = 53
28 − ☐ = 20
60 + ☐ = 67

1, 2, 3, 3, 4, 4, 5, 5, 6, 7, 7, 8, 8, 9, 9, 9, 9, 9

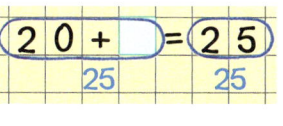

3 Rechentrick Tauschaufgabe: Große Zahl nach vorn!

a)
8 + 80
6 + 60
9 + 90
2 + 20

b)
5 + 40
6 + 50
7 + 60
8 + 70

c)
5 + 20
4 + 30
2 + 40
2 + 50

d)
3 + 70
4 + 50
1 + 80
7 + 20

22, 25, 27, 34, 42, 45, 52, 54, 56, 66, 67, 73, 78, 81, 88, 99

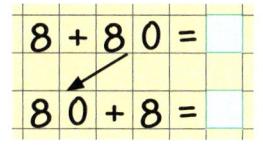

4 Erkläre die Zahlen in den Turmfahnen. Rechne. Setze die Türme fort.

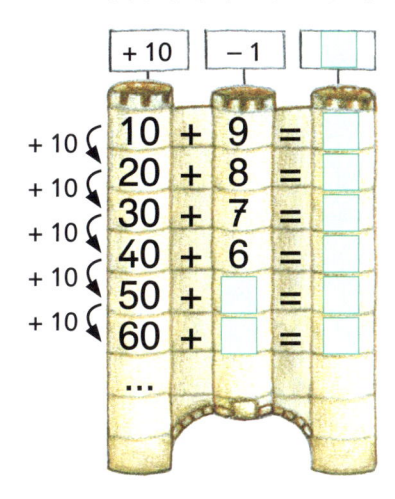

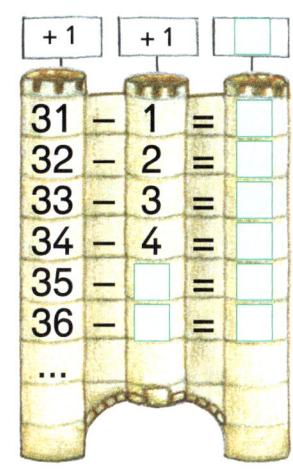

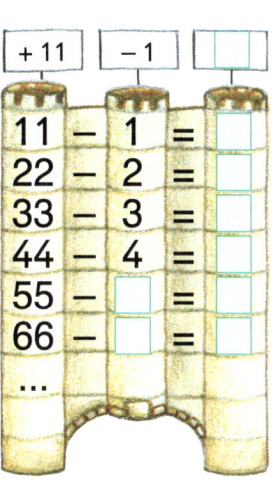

Turm 1: + 10 | − 1 | ☐
+ 10 ↻ 10 + 9 =
+ 10 ↻ 20 + 8 =
+ 10 ↻ 30 + 7 =
+ 10 ↻ 40 + 6 =
+ 10 ↻ 50 + ☐ =
+ 10 ↻ 60 + ☐ =
...

Turm 2: + 1 | + 1 | ☐
31 − 1 =
32 − 2 =
33 − 3 =
34 − 4 =
35 − ☐ =
36 − ☐ =
...

Turm 3: + 11 | − 1 | ☐
11 − 1 =
22 − 2 =
33 − 3 =
44 − 4 =
55 − ☐ =
66 − ☐ =
...

Rechenstrategien nutzen; arithmetische Muster beschreiben und fortsetzen

Trick: Kleine und große Aufgaben

Seite 12, Aufgabe 3: (+) Tafel (−) Tafel

① Aufgabenkonferenz! 23 + 5 = ☐
Erzähle, wie die Kinder rechnen.

Diese Aufgaben sind ähnlich, weil die Einer bei beiden Aufgaben gleich sind. — Hannes

Denke bei der kleinen Aufgabe an die Zehner. — Leila

Wie rechnet ihr?

Ich rechne die kleine Aufgabe. — Luisa

Ich lege und rechne so.

3 + 5 = 8
23 + 5 = 28

23 + 5 = 28

23 + 5 = ☐

② 28 − 5 = ☐ Wie legst und rechnest du? Besprich dich mit anderen Kindern in einer Aufgabenkonferenz.

③ Erkläre die Zahlen in den Turmfahnen. Rechne. Setze die Türme fort.

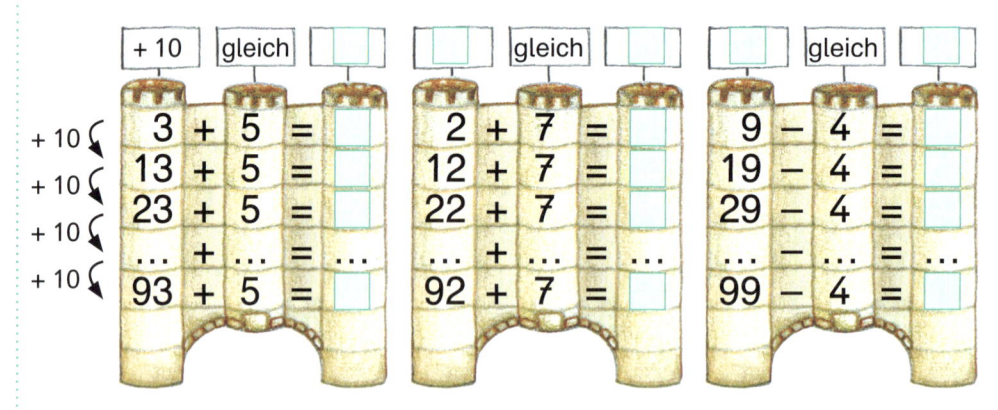

+10 gleich ☐

+10 ⟨ 3 + 5 =
+10 ⟨ 13 + 5 =
+10 ⟨ 23 + 5 =
+10 ⟨ … + … = …
+10 ⟨ 93 + 5 =

☐ gleich ☐
2 + 7 =
12 + 7 =
22 + 7 =
… + … = …
92 + 7 =

☐ gleich ☐
9 − 4 =
19 − 4 =
29 − 4 =
… − … = …
99 − 4 =

Erfinde auch solche Rechentürme für „Unser Mathebuch".

| 4 | 7 | − | 2 | = | | |
| 7 | − | 2 | = | | | |

| 5 | 1 | + | 5 | = | | |
| 1 | + | 5 | = | | | |

Die kleine Aufgabe hilft, die große Aufgabe zu lösen.

④ Die kleine Aufgabe hilft!

a)	b)	c)	d)
47 − 2	58 − 4	68 − 6	76 − 5
51 + 5	61 + 5	72 + 7	43 + 2
86 − 5	87 − 4	75 − 5	68 − 8
62 + 7	63 + 4	80 + 4	35 + 4

39, 45, 45, 54, 56, 60, 62, 66, 67, 69, 70, 71, 79, 81, 83, 84

Das kann ich schon 1

①
44	45	46
34	35	36
24	25	26

Über der 35 sieht Bibu die ☐.
Unter der 35 sieht Bibu die ☐.
Links von der 35 sieht Bibu die ☐.
Rechts von der 35 sieht Bibu die ☐.

Bearbeite immer eine Aufgabe. Wie konntest du sie lösen? Male passend dazu: ☺ 😐 ☹

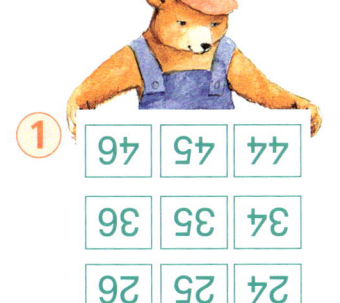

② Schreibe zu jedem Bild die richtige Zahl.

③ Setze ein: <, > oder =.

fünfundzwanzig ◯ zweiundfünfzig   zwanzig ◯ zwölf

vierundfünfzig ◯ vierundfünfzig   siebzehn ◯ siebzig

④ Schreibe zu jeder **Zahl** die **Einer**nachbarn und die **Zehner**nachbarn.

☐ ☐ 91 ☐ ☐   ☐ ☐ 25 ☐ ☐   ☐ ☐ 87 ☐ ☐

⑤ Schreibe immer Frage (F), Rechnung (R), Antwort (A).
a) Am Baum turnen 12 Affen. 4 Affen springen herab.
   F: Wie viele Affen sind noch am Baum?
b) Armin kauft Brezeln für 3 €. Jetzt sind nur noch 9 € in seiner Börse.
   F: Wie viele € waren vor dem Einkauf in der Börse?

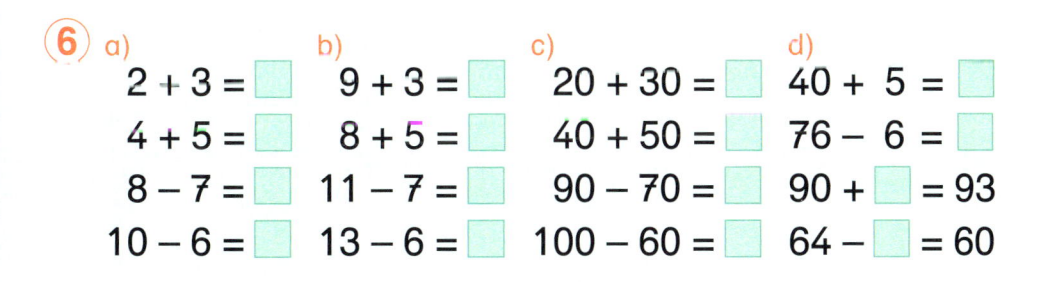

⑥
a) 2 + 3 = ☐   b) 9 + 3 = ☐   c) 20 + 30 = ☐   d) 40 + 5 = ☐
   4 + 5 = ☐   8 + 5 = ☐   40 + 50 = ☐   76 − 6 = ☐
   8 − 7 = ☐   11 − 7 = ☐   90 − 70 = ☐   90 + ☐ = 93
   10 − 6 = ☐   13 − 6 = ☐   100 − 60 = ☐   64 − ☐ = 60

⑦ Male ab und setze die Muster fort.

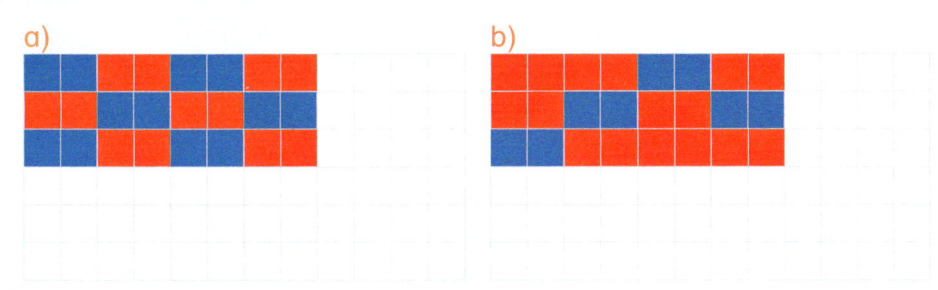

a)   b)

Alles fertig? Überprüfe mit Seite 30.

AH Seite 16   29

Überprüfen und üben 1

→ S. 6/1

1 Über der 35 sieht Bibu die 25.
Unter der 35 sieht Bibu die 45.
Links von der 35 sieht Bibu die 34.
Rechts von der 35 sieht Bibu die 36.

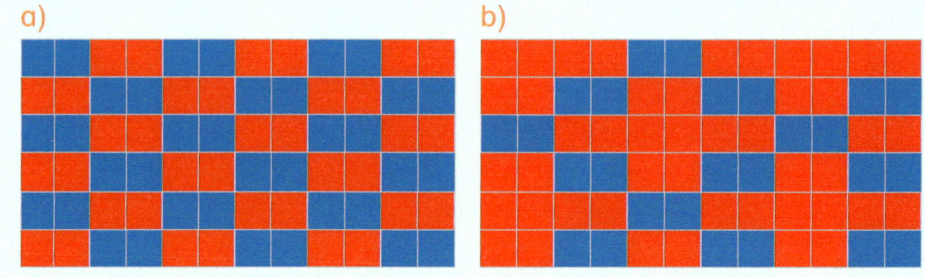

24	25	26
34	35	36
44	45	46

→ S. 19/4

2 Schreibe zu jedem Bild die richtige Zahl.

32   23   45   26   34

→ S. 22/3

3 Setze ein: <, > oder =.

fünfundzwanzig < zweiundfünfzig   zwanzig > zwölf
vierundfünfzig = vierundfünfzig   siebzehn < siebzig

→ S. 24/4, 5

4 Schreibe zu jeder **Zahl** die **Einer**nachbarn und die **Zehner**nachbarn.

90 90 **91** 92 100   20 24 **25** 26 30   80 86 **87** 88 90

→ S. 10/1

5 Schreibe immer Frage (F), Rechnung (R), Antwort (A).
a) Am Baum turnen 12 Affen. 4 Affen springen herab.
  F: Wie viele Affen sind noch am Baum? R: 12 − 4 = 8
  A: 8 Affen sind noch am Baum.

→ S. 14/2

b) Armin kauft Brezeln für 3 €. Jetzt sind nur noch 9 € in seiner Börse.
  F: Wie viele € waren vor dem Einkauf in der Börse?
  R: 12 € − 3 € = 9 €
  A: 12 € waren vor dem Einkauf in der Börse.

→ S. 8/1
 S. 26/2
 S. 27/1, 2

6
a)
2 + 3 = 5
4 + 5 = 9
8 − 7 = 1
10 − 6 = 4

b)
9 + 3 = 12
8 + 5 = 13
11 − 7 = 4
13 − 6 = 7

c)
20 + 30 = 50
40 + 50 = 90
90 − 70 = 20
100 − 60 = 40

d)
40 + 5 = 45
76 − 6 = 70
90 + 3 = 93
64 − 4 = 60

→ S. 16/1

7 Male ab und setze die Muster fort.
a)   b)

<, > oder =

1 Setze ein: < (4), > (5) oder = (3).

a)
24 + 5 ◯ 28
53 + 3 ◯ 57
72 + 4 ◯ 76
81 + 2 ◯ 82

b)
39 − 6 ◯ 34
98 − 7 ◯ 91
46 − 4 ◯ 41
67 − 3 ◯ 63

c)
29 ◯ 24 + 4
76 ◯ 73 + 5
94 ◯ 99 − 4
68 ◯ 69 − 1

Beispiel: (2 4 + 5) > 2 8, 2 9

2 Setze ein: < (3), > (3) oder = (6).

a)
24 + 3 ◯ 21 + 6
42 + 7 ◯ 40 + 5
51 + 4 ◯ 54 + 5
72 + 3 ◯ 71 + 4

b)
18 − 5 ◯ 19 − 6
29 − 3 ◯ 27 − 4
35 − 4 ◯ 38 − 7
67 − 6 ◯ 63 − 2

c)
49 − 4 ◯ 41 + 5
83 + 3 ◯ 89 − 3
76 − 2 ◯ 73 + 2
93 + 6 ◯ 99 − 2

Beispiel: (2 4 + 3) = (2 1 + 6), 2 7 = 2 7

3 Welche Zahlenkarten vom Rand passen? Arbeite mit Plan.

a)
34 + ☐ < 40
34 + ☐ < 40
34 + ☐ < 40
34 + ☐ < 40
34 + ☐ < 40
34 + ☐ < 40
34 + ☐ = 40

b)
51 + ☐ < 56
51 + ☐ < 56
51 + ☐ < 56
51 + ☐ < 56
51 + ☐ < 56
51 + ☐ = 56
51 + ☐ > 56

c)
43 + ☐ ◯ 48
43 + ☐ ◯ 48
43 + ☐ ◯ 48
43 + ☐ ◯ 48
43 + ☐ ◯ 48
43 + ☐ ◯ 48
43 + ☐ ◯ 48

Beispiel: (3 4 + 0) < 4 0, 3 4; (3 4 + 1) < 4 0, 3 5

Zahlenkarten: 0 1 2 3 4 5 6

d)
26 − ☐ > 21
26 − ☐ > 21
26 − ☐ > 21
26 − ☐ > 21
26 − ☐ > 21
26 − ☐ = 21
26 − ☐ < 21

e)
78 − ☐ > 73
78 − ☐ > 73
78 − ☐ > 73
78 − ☐ > 73
78 − ☐ > 73
78 − ☐ = 73
78 − ☐ < 73

f)
69 − ☐ ◯ 63
69 − ☐ ◯ 63
69 − ☐ ◯ 63
69 − ☐ ◯ 63
69 − ☐ ◯ 63
69 − ☐ ◯ 63
69 − ☐ ◯ 63

Beispiel: (2 6 − 0) > 2 1, 2 6; (2 6 − 1) > 2 1, 2 5

4 Ordne der Größe nach. Beginne mit dem kleinsten Kind.

a) Anna ist kleiner als Lisa. Lisa ist größer als Bennet. Bennet ist kleiner als Anna.

b) Paul ist größer als Klara. Klara ist kleiner als Elias. Elias ist größer als Paul.

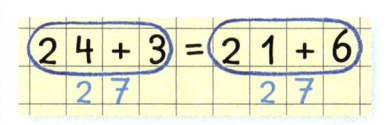

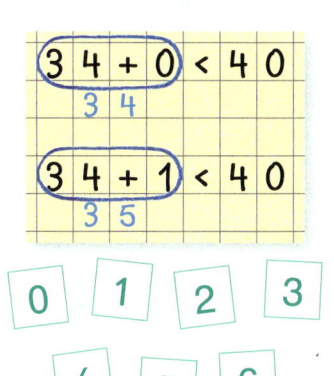

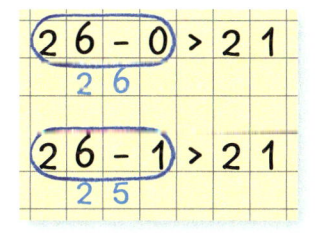

Setz ich ein = Zeichen ein, muss links und rechts gleich viel sein.

Mengen und Zahlen vergleichen; arithmetische Muster entwickeln

Reise ins Land der Rechengeschichten

Schreibe immer: Frage (F), Rechnung (R), Antwort (A).

6 + 4 = ☐

① Anna soll 6 rote und 3 blaue Hefte in die Klasse 3a bringen.
F: Wie viele Hefte sind das **zusammen**?

8 − 3 = ☐

② Anna geht den Gang entlang. Von den Klassenzimmertüren sind 4 geschlossen, 2 stehen offen.
F: Wie viele Türen sind das **insgesamt**?

9 − ☐ = 2

6 + 3 = ☐

③ Die Wandergruppe stellt sich in der Aula zum Wandern an. 6 Kinder stehen schon da. 4 Kinder mussten noch ihre Rucksäcke holen und stellen sich nun **dazu**.
F: Wie viele Kinder gehen zum Wandern?

4 + 2 = ☐

5 + ☐ = 9

④ Anna läuft die Treppe hinauf. Sie ist bereits 5 Stufen hochgestiegen. **Insgesamt** sind es 9 Stufen.
F: Wie viele Stufen muss Anna noch hochgehen?

☐ + 2 = 7

⑤ Anna trifft auf Julian, der mit Turnbeuteln beladen ist. Frau Springmeier gibt ihm noch 2 gelbe Turnbeutel **dazu**. Jetzt schleppt der Junge 7 Beutel zur Tür.
F: Wie viele Turnbeutel hatte Julian am Anfang?

☐ − 4 = 4

⑥ Frau Maler hält 8 Bilder in der Hand, die sie an die Pinnwand hängen möchte. Da rutschen ihr 3 Stück aus dem Stapel **weg** und fallen zu Boden.
F: Wie viele Bilder hält Frau Maler noch fest?

Signalwörter für ⊕
zusammen
insgesamt
dazu
…

⑦ Nun geht Anna in die Klasse 3a und gibt Herrn Richtig die 9 Hefte. Er teilt sie gleich aus, doch **bleiben** 2 Hefte **übrig**, weil 2 Kinder krank sind.
F: Wie viele Kinder bekommen ein Heft?

Signalwörter für ⊖
weg
abgeben
übrig bleiben
…

⑧ Auf dem Rückweg begegnet Anna ihrem Bruder Leon. Er **gibt** ihr 4 Gummibärchen **ab**. Jetzt hat er nur noch 4 Stück.
F: Wie viele Gummibärchen hatte Leon am Anfang?

Zusammenhänge zwischen Sachsituationen und Rechenoperationen aufzeigen

9 Jetzt kommt Frau Gärtner herangeeilt. Vorsichtig transportiert sie 3 Tulpen im linken Arm. Im rechten Arm trägt sie **doppelt** so viele Narzissen.
a) F: Wie viele Narzissen sind es?
b) F: Wie viele Blumen hat sie insgesamt?

10 In der Gruppe von Frau Lustig sind 2 Jungen und **doppelt** so viele Mädchen.
a) F: Wie viele Mädchen sind das?
b) F: Wie viele Kinder sind in der Gruppe?

11 Herr Lieb trägt 3 Bücher. Herr Streng neben ihm schleppt das **Doppelte** in seinem Korb.
a) F: Wie viele Bücher trägt Herr Streng?
b) F: Wie viele Bücher tragen sie zusammen?

12 Unten angekommen sieht Anna, wie der Hausmeister, Herr Sauber, eine Kiste mit 10 Brezeln zu seinem Stand trägt. Die **Hälfte** davon wird er gleich mit Butter bestreichen.
F: Wie viele Butterbrezeln sind das?

13 In Annas Klasse gehen 8 Mädchen. Als sie ihr Klassenzimmer betritt, ist erst die **Hälfte** der Mädchen darin.
F: Wie viele Mädchen sind das?

14 Jetzt sind alle Kinder versammelt und Frau Schmidt öffnet ein Netz mit 6 großen Würfeln. Die **Hälfte** der Würfel ist blau, die anderen sind rot.
F: Wie viele Würfel sind blau?

15 Für die Pause findet Anna in ihrer Frühstücksbox Gurkenscheiben. 4 Stück isst sie sofort weg, 6 Stück hebt sie für später auf.
F: Wie viele Gurkenscheiben waren in der Box?

16 Lisa hat 4 Kekse. Benni hat 6 Kekse.
a) F: Wie viele Kekse hat Benni mehr als Lisa?
b) F: Wie viele Kekse haben sie zusammen?

$2 + 2 = \square$

$8 = \square + \square$

$2 + 4 = \square$

$3 + 3 = \square$

$6 = \square + \square$

$3 + 6 = \square$

$3 + 3 = \square$

$3 + 6 = \square$

$4 + 6 = \square$

$10 = \square + \square$

$\square - 4 = 6$

$6 - 4 = \square$

das Doppelte:
das Gleiche noch einmal: $3 + 3 = \square$

die Hälfte:
gerecht teilen:
$10 = 5 + \square$

Signalwörter erkennen, Rechenzeichen nennen.

Zusammenhänge zwischen Sachsituationen und Rechenoperationen aufzeigen

➕ Pass auf die Zehner auf!

⏱ Seite 24, Aufgabe 5   Zehnernachbarn

Zum Zehner auffüllen
- Fingerzahl zeigen.
- Bis 10 ergänzen.

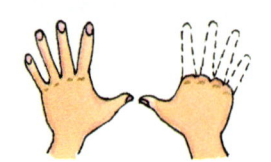

① 26 + 4 = ☐   Fülle die Zehnerschachtel. Erzähle.

Am Anfang …   Dann …   Am Ende …

② Zeichne und rechne.

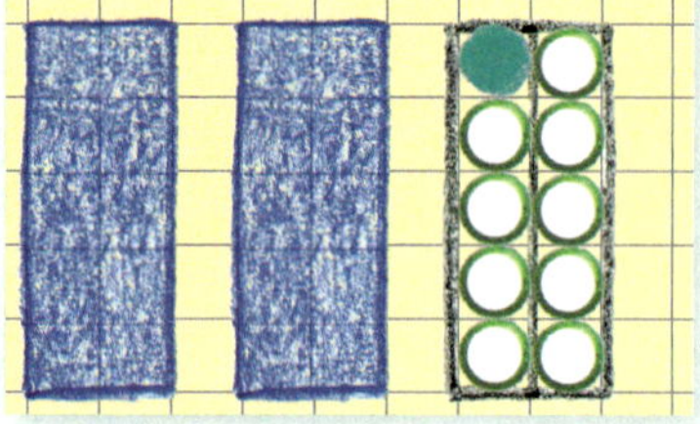

a) 21 + 9 = ☐
51 + 9 = ☐

b) 12 + 8 = ☐
39 + 1 = ☐

c) 47 + 3 = ☐
52 + 8 = ☐

21 + 9 = 30

③
a)
25 + ☐ = 30
35 + ☐ = 40
53 + ☐ = 60
67 + ☐ = 70
44 + ☐ = 50

b)
13 + ☐ = 20
49 + ☐ = 50
82 + ☐ = 90
74 + ☐ = 80
66 + ☐ = 70

c)
76 + ☐ = 80
31 + ☐ = 40
85 + ☐ = 90
27 + ☐ = 30
98 + ☐ = 100

④ Ergänze zum nächsten Zehner.
a) **16**, 36, 56, 66, 22, 42, 72, 82, 95, 35, 75, 15
b) 21, 86, 97, 38, 89, 51, 39, 13, 67, 78, 41, 74

16 + 4 = 20

⑤ Fülle zum nächsten Zehner auf. Es gibt viele Lösungen.
a) ☐ + 6 = ☐   b) ☐ + 8 = ☐   c) ☐ + 7 = ☐

4 + 6 = 10
14 + 6 = 20
24 + ☐ = ☐
…

1 € = 100 ct

⑥ Wem fehlt wie viel Geld?

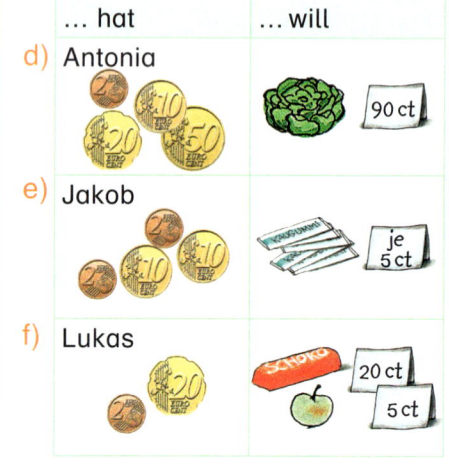

	… hat	… will		… hat	… will
a) Steffi		20 ct	d) Antonia		90 ct
b) Christian		1 €	e) Jakob		je 5 ct
c) Fabian		50 ct	f) Lukas		20 ct / 5 ct

34   AH Seite 18   Rechenstrategien nutzen

Trick: In Schritten rechnen

Seite 8, Aufgabe 5   Zerlegungshäuser

1
a) Wie rechnest du? 27 + 8 = ☐
b) So legen und rechnen die Kinder. Erkläre.

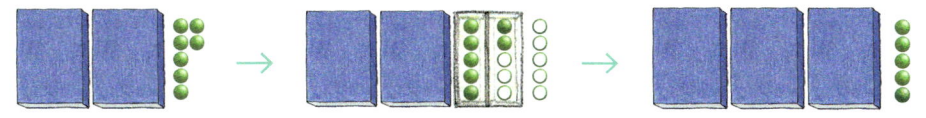

Samuel

27 + 8 = ☐
(27 + 3) + 5 = 35
   30

Hannes   Luisa

8 in zwei Schritten dazu:

+ 8
+ 3   + 5
1. Schritt   2. Schritt

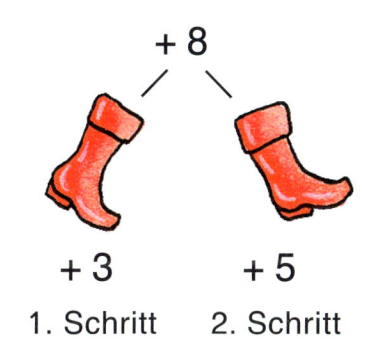

c) Welcher Rechenweg gefällt dir am besten? Warum?

2 Zeichne und rechne.

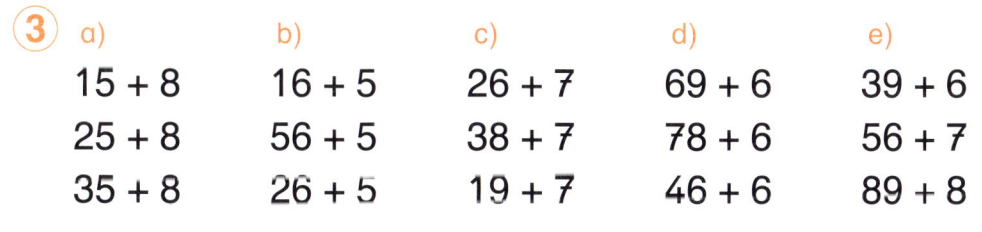

3 7 + 8 = ☐

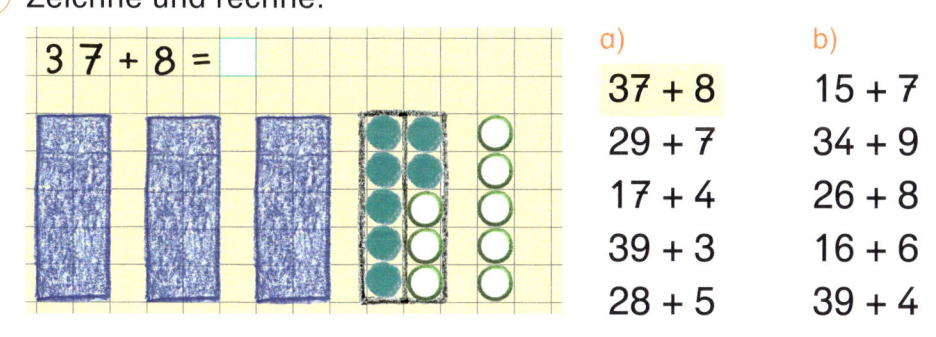

a)	b)
37 + 8	15 + 7
29 + 7	34 + 9
17 + 4	26 + 8
39 + 3	16 + 6
28 + 5	39 + 4

3
a)	b)	c)	d)	e)
15 + 8	16 + 5	26 + 7	69 + 6	39 + 6
25 + 8	56 + 5	38 + 7	78 + 6	56 + 7
35 + 8	26 + 5	19 + 7	46 + 6	89 + 8

21, 23, 26, 31, 33, 33, 43, 45, 45, 52, 61, 63, 75, 84, 97

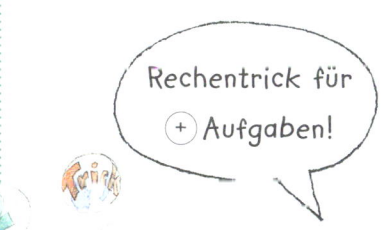

4 Schreibe zu jedem Ergebnis den passenden Buchstaben.

25	32	41	46	53	61	63	71	74	83	86	91	95
U	L	A	N	I	H	J	O	E	K	B	R	S

a)	b)	c)	d)	e)
24 + 8	25 + 7	23 + 9	54 + 9	69 + 5
19 + 6	16 + 9	67 + 7	33 + 8	82 + 9
49 + 4	76 + 7	48 + 5	74 + 9	75 + 8
88 + 7	37 + 4	26 + 6	65 + 6	38 + 3
32 + 9	89 + 6	36 + 5	77 + 9	39 + 7

Rechentrick für + Aufgaben!

Füll zum nächsten Zehner auf, dann leg den Rest der Einer drauf.

37 + 8 = ☐
(37 + 3) + 5 = 45
  40

Rechenstrategien nutzen; Rechenwege vergleichen und bewerten   FA 3   AH Seite 18

Im Gleichgewicht?

1 Setz ich ein ⊜ Zeichen ein, muss links und rechts gleich viel sein. Schreibe nur die Aufgaben (6), zu denen ⊜ passt.

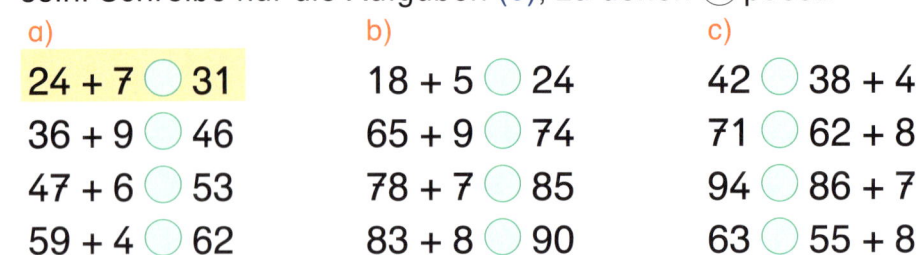

a)
24 + 7 ◯ 31
36 + 9 ◯ 46
47 + 6 ◯ 53
59 + 4 ◯ 62

b)
18 + 5 ◯ 24
65 + 9 ◯ 74
78 + 7 ◯ 85
83 + 8 ◯ 90

c)
42 ◯ 38 + 4
71 ◯ 62 + 8
94 ◯ 86 + 7
63 ◯ 55 + 8

2 Gleichungen! Rechne.

a)
24 + ☐ = 31
49 + ☐ = 56
26 + ☐ = 31
47 + ☐ = 56
58 + ☐ = 63

b)
56 + ☐ = 61
67 + ☐ = 71
69 + ☐ = 78
72 + ☐ = 81
34 + ☐ = 43

c)
75 + ☐ = 84
83 + ☐ = 91
35 + ☐ = 42
24 + ☐ = 32
59 + ☐ = 64

4, 5, 5, 5, 5, 7, 7, 7, 8, 8, 9, 9, 9, 9, 9

3 Achtung, Fehler (8)! Rechne alles richtig.

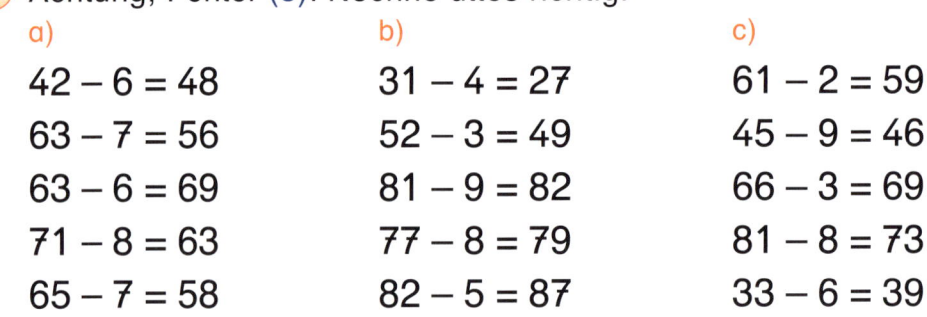

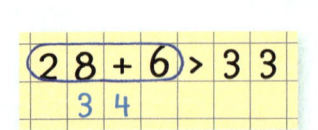

a)
42 − 6 = 48
63 − 7 = 56
63 − 6 = 69
71 − 8 = 63
65 − 7 = 58

b)
31 − 4 = 27
52 − 3 = 49
81 − 9 = 82
77 − 8 = 79
82 − 5 = 87

c)
61 − 2 = 59
45 − 9 = 46
66 − 3 = 69
81 − 8 = 73
33 − 6 = 39

4 Setze ein: < (4), > (3) oder ⊜ (5).

a)
28 + 6 ◯ 33
56 + 7 ◯ 63
88 + 4 ◯ 95
48 + 7 ◯ 56

b)
28 ◯ 19 + 9
65 ◯ 59 + 6
72 ◯ 63 + 7
94 ◯ 88 + 9

c)
36 + 6 ◯ 48 − 6
58 − 3 ◯ 49 + 3
76 − 4 ◯ 64 + 9
54 + 8 ◯ 69 − 7

5 Hier gibt es viele Lösungen.

a) 31 + ☐ = 38 − ☐

b) 79 − ☐ = 68 + ☐

6 a) Fine hat 47 €. Sie bekommt Taschengeld und hat nun 51 €.
F: Wie viel Taschengeld hat Fine bekommen?
b) Oma schenkt Samuel 5 €. Sie hat nun nur noch 48 €.
F: Wie viele € hatte sie zuvor?

> Setz ich ein ⊜ Zeichen ein, muss links und rechts gleich viel sein.

Mengen und Zahlen vergleichen

Trick: + 9 ist fast + 10

1 Sehr bequem mit der 10!

a)	b)	c)	d)
36 + 10	43 + 10	87 + 10	21 + 10
52 + 10	78 + 10	35 + 10	73 + 10
47 + 10	65 + 10	24 + 10	59 + 10
28 + 10	56 + 10	76 + 10	82 + 10

31, 34, 38, 45, 46, 53, 57, 62, 66, 69, 75, 83, 86, 88, 92, 97

2
a) Wie rechnest du? 27 + 9 = ☐
b) So legt und rechnet Christian. Erkläre.

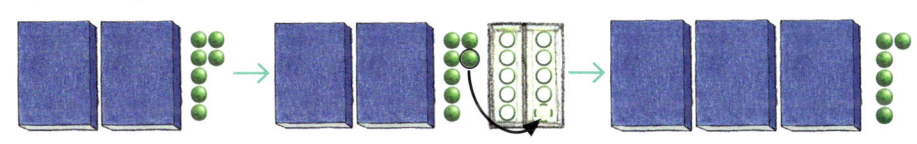

9 wird zu 10. Aus 27 + 9 = ☐ wird 26 + 10 = ☐

3

a)	b)	c)	d)
27 + 9	54 + 9	26 + 8	39 + 8
45 + 9	66 + 9	47 + 8	53 + 8
82 + 9	25 + 9	79 + 8	64 + 8
74 + 9	43 + 9	65 + 8	28 + 8

34, 34, 36, 36, 47, 52, 54, 55, 61, 63, 72, 73, 75, 83, 87, 91

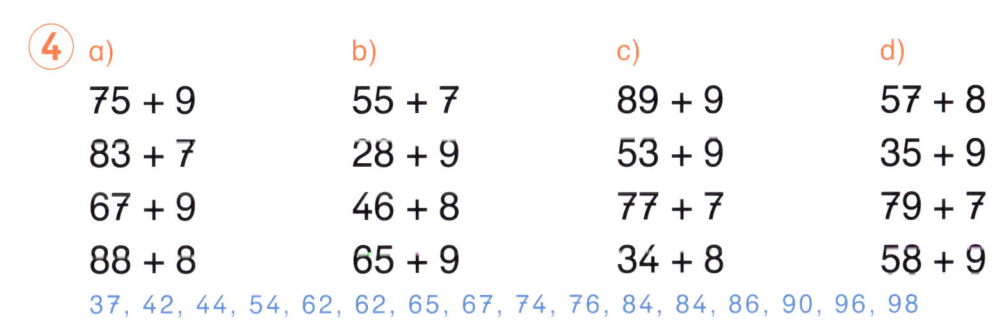

27 + 9 =
27 + 10 − 1 =

+ 8 ist auch fast + 10!

4

a)	b)	c)	d)
75 + 9	55 + 7	89 + 9	57 + 8
83 + 7	28 + 9	53 + 9	35 + 9
67 + 9	46 + 8	77 + 7	79 + 7
88 + 8	65 + 9	34 + 8	58 + 9

37, 42, 44, 54, 62, 62, 65, 67, 74, 76, 84, 84, 86, 90, 96, 98

5 Familie Durstig kauft im Getränkemarkt 25 Flaschen Apfelsaft und 9 Flaschen Traubensaft.
F: Wie viele Saftflaschen kauft Familie Durstig insgesamt?

6 Familie Hungrig kauft beim Bäcker 13 Brezeln und 9 Semmeln.
F: Wie viele Backwaren kauft Familie Hungrig insgesamt?

7 Familie Groß hat für ein Picknick 13 Obstspieße eingepackt. Nach kurzer Zeit haben die Kinder 9 Obstspieße aufgegessen.
F: Wie viele Obstspieße sind noch im Korb?

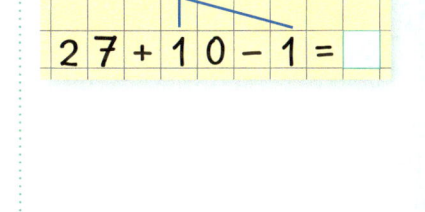

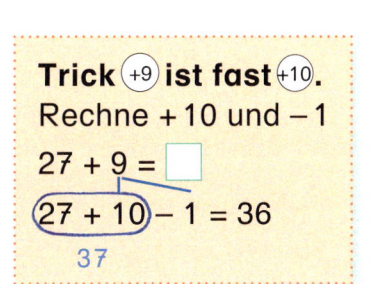

Trick +9 ist fast +10.
Rechne +10 und −1
27 + 9 = ☐
(27 + 10) − 1 = 36
37

Bibus Kalender

Winter — Frühling — Sommer

Januar	Februar	März	April	Mai	Juni
Mo 2 9 16 23 30	Mo 6 13 20 27	Mo 6 13 20 27	Mo 3 10 17 24	Mo 1 8 15 22 29	Mo 5 12 19 26
Di 3 10 17 24 31	Di 7 14 21 28	Di 7 14 21 28	Di 4 11 18 25	Di 2 9 16 23 30	Di 6 13 20 27
Mi 4 11 18 25	Mi 1 8 15 22	Mi 1 8 15 22 29	Mi 5 12 19 26	Mi 3 10 17 24 31	Mi 7 14 21 28
Do 5 12 19 26	Do 2 9 16 23	Do 2 9 16 23 30	Do 6 13 20 27	Do 4 11 18 25	Do 1 8 15 22 29
Fr 6 13 20 27	Fr 3 10 17 24	Fr 3 10 17 24 31	Fr 7 14 21 28	Fr 5 12 19 26	Fr 2 9 16 23 30
Sa 7 14 21 28	Sa 4 11 18 25	Sa 4 11 18 25	Sa 1 8 15 22 29	Sa 6 13 20 27	Sa 3 10 17 24
So 1 8 15 22 29	So 5 12 19 26	So 5 12 19 26	So 2 9 16 23 30	So 7 14 21 28	So 4 11 18 25

der **Monat** Januar

der 5. **Tag** im Februar

Besondere Tage: 1.1. Neujahr – 6.1. Heilige Drei Könige – 14.4. Karfreitag – 16.4. und 17.4. Ostern – 1.5. Maifeiertag – 25.5. Christi Himmelfahrt – 4.6. und 5.6. Pfingsten, 15.6. Fronleichnam

1 Betrachte Bibus Kalender und ergänze die Sätze.
Diese Zahlen helfen dir: 52, 7, 12, 4.
a) Ein Jahr hat ☐ Jahreszeiten. b) Ein Jahr hat ☐ Monate.
c) Ein Jahr hat ☐ Wochen. d) Eine Woche hat ☐ Tage.

2 Schreibe zu jedem Monat die Anzahl der Tage.

31 Januar, 31 März, 31 Mai, 31 Juli, 31 August, 31 Oktober, 31 Dezember
Februar 28/29, April 30, Juni 30, September 30, November 30

3 Ordne die Dauer der Zeiten nach ihrer Länge. Beginne mit der kürzesten. Woche, Jahr, Tag, Februar, Dezember, Winter, Juni

4 Ein Datum – zwei Schreibweisen. Erkläre.

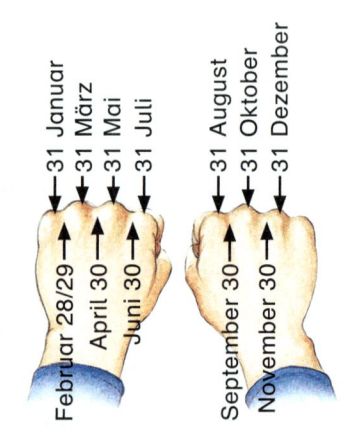

13. 5. 2017 — kurzes Datum
13. Mai 2017 — langes Datum

| der 13. Tag im Monat Mai | Mai – der 5. Monat im Jahr | Jahre seit Christi Geburt |

Der Februar ist ein besonderer Monat. Er hat jedes vierte Jahr 29 statt 28 Tage.

Samstag, 13.5.2017

5 Schau in Bibus Kalender. Schreibe jeweils das kurze Datum. Ergänze den jeweiligen Wochentag.

a)
13. Mai 2017
23. August 2017
17. Januar 2017
22. Februar 2017

b)
13. Juli 2017
9. April 2017
30. Juni 2017
20. März 2017

c)
11. September 2017
16. Oktober 2017
6. Dezember 2017
2. November 2017

6 Unter Bibus Kalender stehen besondere Tage. Suche sie im Kalender. Schreibe den Wochentag und das lange Datum auf.

7 Verändere jedes Datum. Bibus Kalender hilft dir.
15. Juni 2017   1. April 2017   31. Dezember 2017
a) 1 Tag später b) 1 Tag früher
c) 1 Woche später d) 1 Woche früher
e) 1 Monat später f) 1 Monat früher

15. Juni 2017
a) 16. Juni 2017

1 **Jahr** hat
– 12 Monate
– 52 Wochen
– 4 Jahreszeiten.

1 **Woche** hat
7 Tage.

	Sommer			Herbst		Winter

Juli	August	September	Oktober	November	Dezember
Mo 3 10 17 24 31	Mo 7 14 21 28	Mo 4 11 18 25	Mo 2 9 16 23 30	Mo 6 13 20 27	Mo 4 11 18 25
Di 4 11 18 25	Di 1 8 15 22 29	Di 5 12 19 26	Di 3 10 17 24 31	Di 7 14 21 28	Di 5 12 19 26
Mi 5 12 19 26	Mi 2 9 16 23 30	Mi 6 13 20 27	Mi 4 11 18 25	Mi 1 8 15 22 29	Mi 6 13 20 27
Do 6 13 20 27	Do 3 10 17 24 31	Do 7 14 21 28	Do 5 12 19 26	Do 2 9 16 23 30	Do 7 14 21 28
Fr 7 14 21 28	Fr 4 11 18 25	Fr 1 8 15 22 29	Fr 6 13 20 27	Fr 3 10 17 24	Fr 1 8 15 22 29
Sa 1 8 15 22 29	Sa 5 12 19 26	Sa 2 9 16 23 30	Sa 7 14 21 28	Sa 4 11 18 25	Sa 2 9 16 23 30
So 2 9 16 23 30	So 6 13 20 27	So 3 10 17 24	So 1 8 15 22 29	So 5 12 19 26	So 3 10 17 24 31

Besondere Tage: 15.8. Mariä Himmelfahrt – 3.10. Tag der Deutschen Einheit – 1.11. Allerheiligen – 6.12. Nikolaus – 25. und 26.12. Weihnachten – 31.12. Silvester

8 Wie viele Tage sind es?

a) 2 Wochen
2 Wochen und
3 Tage

b) 3 Wochen
3 Wochen und
6 Tage

c) 4 Wochen
4 Wochen und
5 Tage

9 Wie viele Tage muss Bibu jeweils warten?
Der Kalender hilft dir.

	heute	besonderer Tag	
a)	11.1.	12.1.	
b)	16.2.	20.2.	
c)	21.3.	28.3.	
d)	1.4.	28.4.	

	heute	besonderer Tag	
e)	31.5.	1.6.	
f)	30.6.	3.7.	
g)	28.7.	4.8.	
h)	26.9.	10.10.	

1 1.1. bis 1 2.1:
1 Tag

10 Dein persönlicher Kalender! Nimm einen aktuellen Kalender.
a) Welche Tage sind dir wichtig? Markiere sie.
b) Wie lange musst du noch auf deinen Geburtstag warten?

11 Welche Kinder haben recht? Schreibe nur diese Sätze auf.

- Der Nikolaus kommt am 8. Dezember.
- Der Monat vor dem Januar heißt Dezember.
- Der Tag der Deutschen Einheit ist der 3.10.
- 12. Juni wird abgekürzt mit 12.7.

Daten und Informationen aus verschiedenen Quellen entnehmen; Zeitspannen messen

Geometrische Körper

1 Schreibe zu jedem Körper den richtigen Namen.

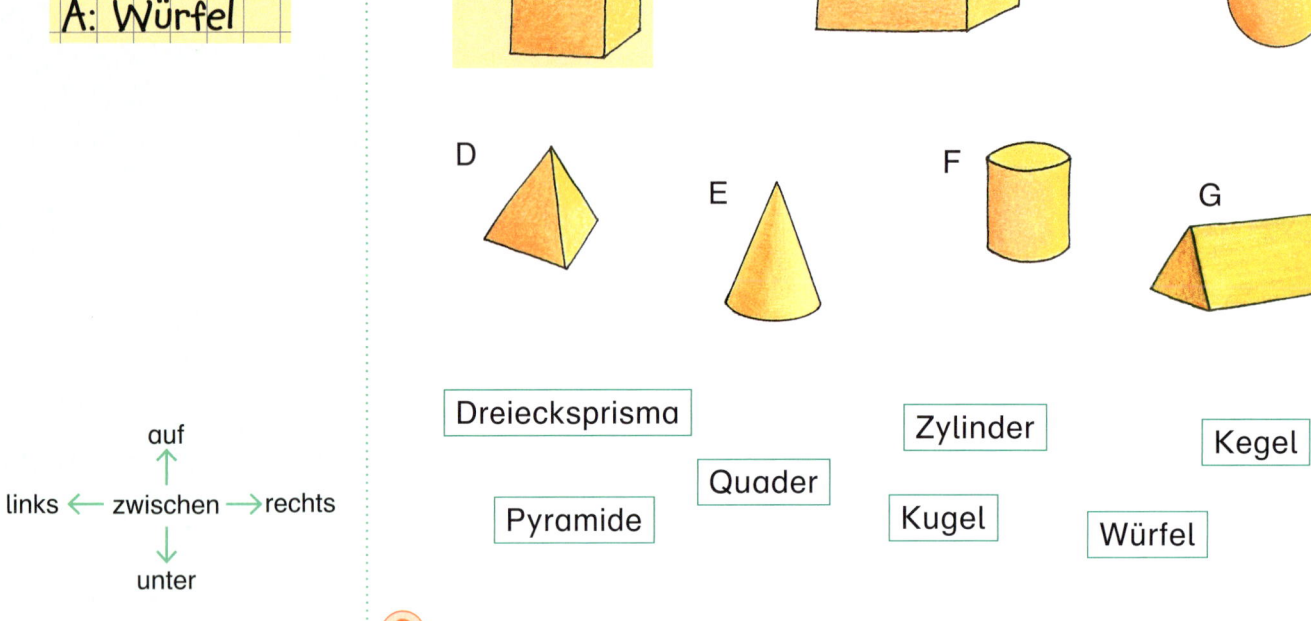

A: Würfel

A B C

D E F G

Dreiecksprisma   Zylinder   Kegel
Quader
Pyramide   Kugel   Würfel

auf
links ← zwischen → rechts
unter

Auf dem Würfel ist eine Pyramide. Unter der Pyramide ist ein Würfel.

2 Bibu hat mit Körpern gebaut. Beschreibe jedes Gebäude mit mindestens zwei Sätzen. Verwende die Wörter vom Rand.

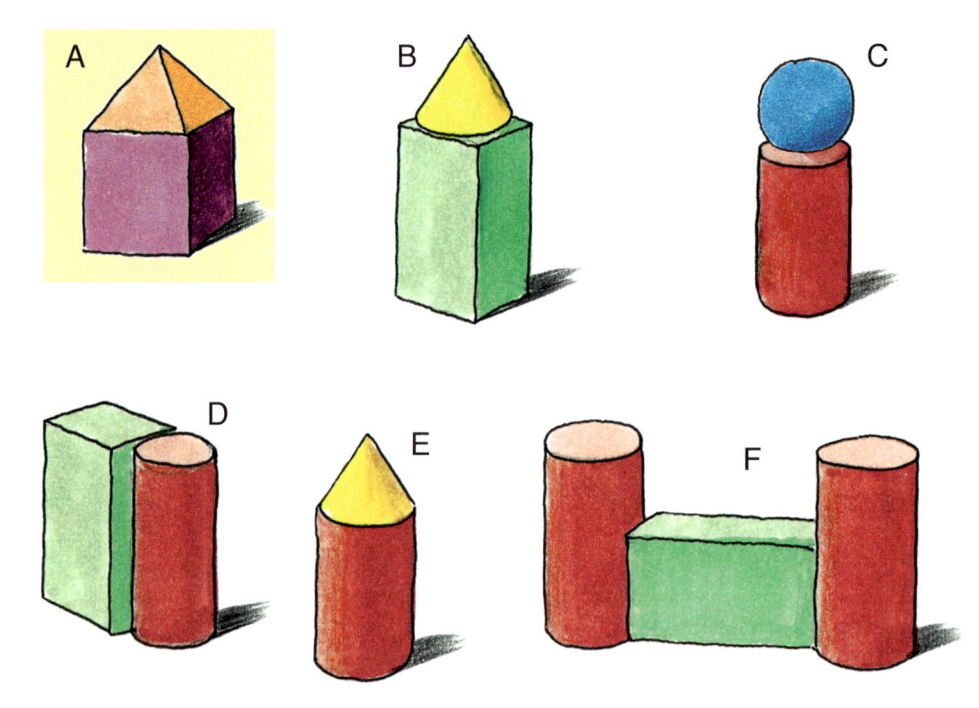

A B C

D E F

3 Probiere aus.
a) Welche Körper kannst du stapeln?
b) Welche Körper kannst du rollen?
c) Welche Körper kannst du stapeln und rollen?
d) Welche Körper kannst du kippen?

4 Baue mit Körpern. Gestalte damit die kleine Stadt „Mathehausen".

5 Hier verstecken sich geometrische Körper. Schreibe.

A: Zylinder

Der Quader ist ein Körper.
Das Quadrat ist flach.

6 Mit welchen Körpern könnten diese Geschenkpapiere gestempelt worden sein?

a)   b)   c)

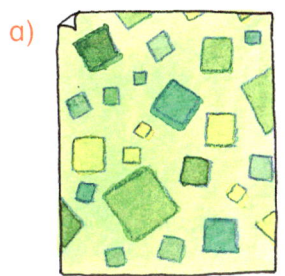

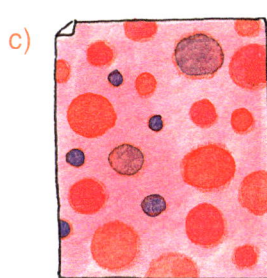

7 Stemple mit verschiedenen geometrischen Körpern eigene Geschenkpapiere wie in Aufgabe 2.

8 Körper und Flächen fühlen
(Spiel für 2 Kinder)

- Legt unterschiedliche Körper und Flächen unter ein Tuch.
- Ertastet und benennt sie.
- Wechselt euch ab.
- Das Kind, das die meisten Formen und Flächen richtig benannt hat, gewinnt.

Geometrische Körper

Würfel

Quader

Kugel

Zylinder

Prisma

Pyramide

Kegel

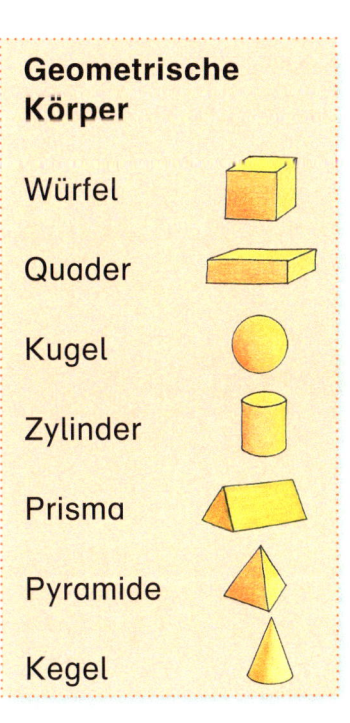

Körper- und Flächenformen zuordnen, erzeugen und beschreiben

➖ Pass auf die Zehner auf!

Vom Zehner wegnehmen
- 10 Finger zeigen.
- Zahl nennen und wegnehmen.

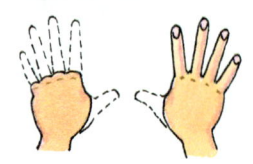

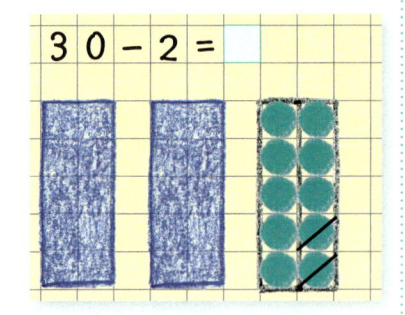

30 – 2 =

60 ct – 2 ct = ☐ ct

9 ct   7 ct   2 ct   4 ct   5 ct   6 ct

① 30 – 6 = ☐   Öffne die Zehnerschachtel, nimm weg. Erzähle.

Am Anfang …   Dann …   Am Ende …

② Zeichne und rechne.

a) 30 – 2 = ☐
   70 – 7 = ☐

b) 50 – 6 = ☐
   40 – 9 = ☐

c) 10 – 4 = ☐
   60 – 3 = ☐

③
a)	b)	c)	d)
50 – 4	90 – 2	40 – 2	70 – 9
50 – 6	90 – 9	40 – 8	70 – 5
50 – 3	90 – 1	40 – 3	70 – 4
50 – 7	90 – 5	40 – 6	70 – 7

32, 34, 37, 38, 43, 44, 46, 47, 61, 63, 65, 66, 81, 85, 88, 89

④
a)	b)	c)	d)
30 – 5	10 – 8	50 – 1	20 – 6
50 – 5	60 – 8	90 – 4	40 – 2
90 – 5	80 – 8	30 – 3	50 – 9
20 – 5	70 – 8	60 – 9	30 – 7

2, 14, 15, 23, 25, 27, 38, 41, 45, 49, 51, 52, 62, 72, 85, 86

⑤ Rechne. Es gibt mehrere Lösungen.

a) 50 – ☐ – ☐ = 42

b) 90 – ☐ – ☐ = 84

⑥ Wie viel Geld bleibt den Kindern übrig? Rechne.

	… hat	… kauft	Rest
a)	Steffi  60 ct		☐ ct
b)	Christian  90 ct		☐ ct
c)	Antonia  80 ct		☐ ct

	… hat	… kauft	Rest
d)	Resul  1 €		☐ ct
e)	Luisa  1 €		☐ ct
f)	Armin  1 €		☐ ct

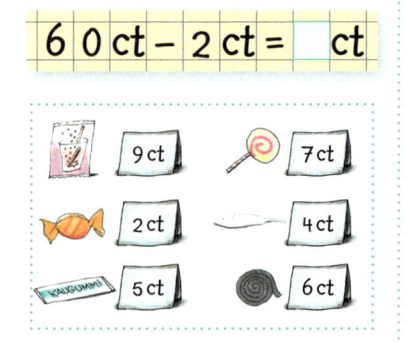

Trick: In Schritten rechnen

Seite 8, Aufgabe 5 Zerlegungshäuser

1  a) Wie rechnest du? 32 − 7 = ☐
b) So legen und rechnen die Kinder. Erkläre.

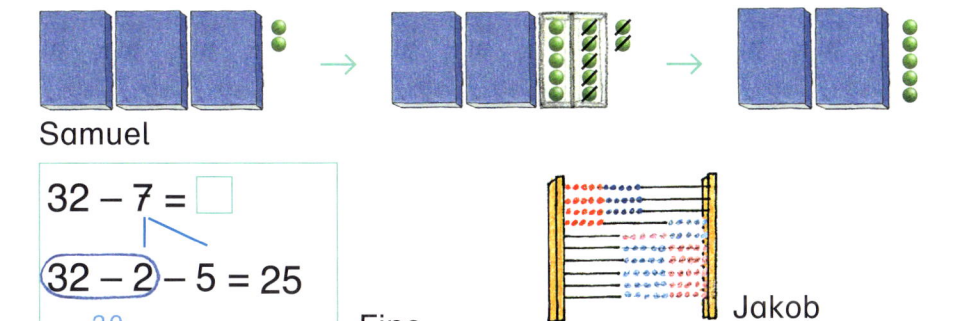

Samuel

32 − 7 = ☐
(32 − 2) − 5 = 25
30

Fine

Jakob

7 in zwei Schritten wegnehmen:

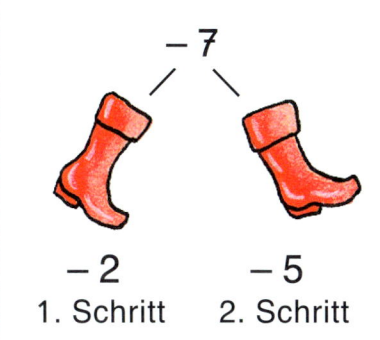

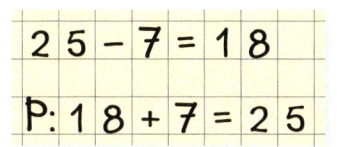

− 7
− 2   − 5
1. Schritt   2. Schritt

c) Welcher Rechenweg gefällt dir am besten? Warum?

2 Zeichne und rechne.

3 2 − 7 = ☐

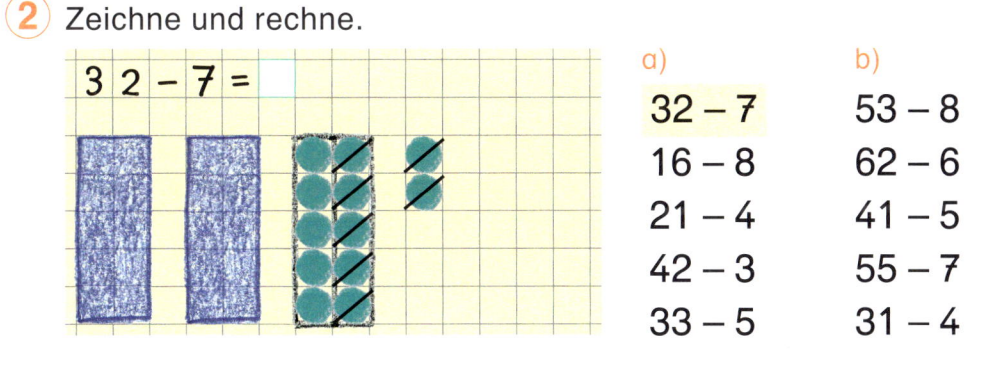

a)	b)
32 − 7	53 − 8
16 − 8	62 − 6
21 − 4	41 − 5
42 − 3	55 − 7
33 − 5	31 − 4

3 Rechne zur **P**robe (P) auch die Umkehraufgabe.

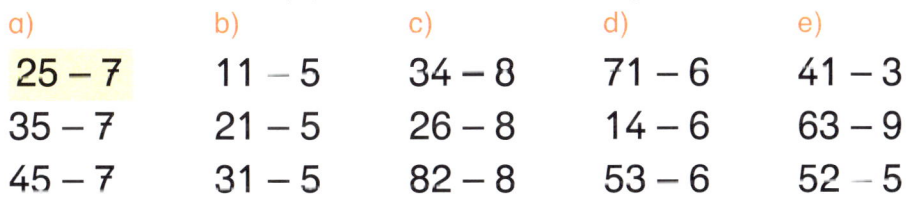

a)	b)	c)	d)	e)
25 − 7	11 − 5	34 − 8	71 − 6	41 − 3
35 − 7	21 − 5	26 − 8	14 − 6	63 − 9
45 − 7	31 − 5	82 − 8	53 − 6	52 − 5

2 5 − 7 = 1 8
P: 1 8 + 7 = 2 5

Rechentrick für − Aufgaben!

4 Schreibe zu jedem Ergebnis den passenden Buchstaben.

9 12 26 27 37 38 39 43 47 53 56 64 69 74 78 82 85 89
I   R   W   H   M   S   G   F   T   O   E   D   N   L   B   A   U   Z

a)	b)	c)	d)	e)
47 − 9	51 − 8	36 − 9	42 − 5	81 − 7
51 − 4	90 − 8	89 − 7	62 − 9	94 − 9
63 − 7	85 − 7	73 − 4	20 − 8	72 − 8
52 − 9	14 − 5	78 − 9	11 − 2	35 − 9
50 − 7	91 − 9	64 − 8	55 − 8	18 − 9
17 − 8	74 − 5	46 − 8	94 − 5	44 − 5

Zum letzten Zehner geh zurück, dann mach ihn auf, geh doch noch ein Stück.

32 − 7 = ☐
(32 − 2) − 5 = 25
30

Der Trick mit den Zehnern ➕ und ➖

Erkläre mir, wie du rechnest.

①
a) Wie rechnest du? 32 + 20 = ☐
b) So legen und rechnen die Kinder. Erkläre.

Erkan   Sara   Leila

Ich schiebe 2 Zehnerreihen dazu.

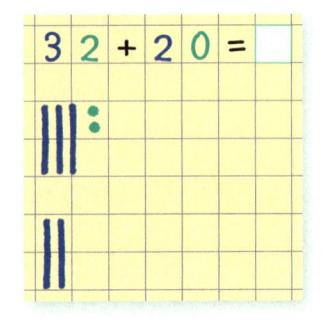

32 + 20 =

② a)
32 + 20 = ☐
51 + 30 = ☐
29 + 40 = ☐
62 + 10 = ☐
75 + 20 = ☐

b)
27 + 60 = ☐
73 + 10 = ☐
42 + 30 = ☐
16 + 50 = ☐
35 + 40 = ☐

c)
45 + 20 = ☐
69 + 20 = ☐
34 + 40 = ☐
18 + 50 = ☐
16 + 10 = ☐

26, 52, 65, 66, 68, 69, 72, 72, 74, 75, 81, 83, 87, 89, 95

③
a) Wie rechnest du? 32 − 20 = ☐
b) So legen und rechnen die Kinder. Erkläre.

Erkan   Sara   Leila

Ich schiebe 2 Zehnerreihen weg.

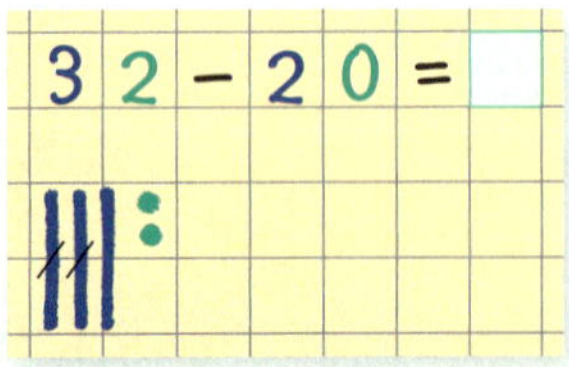

32 − 20 =

④ a)
32 − 20 = ☐
51 − 30 = ☐
29 − 20 = ☐
62 − 50 = ☐
67 − 50 = ☐

b)
27 − 10 = ☐
73 − 60 = ☐
42 − 20 = ☐
96 − 90 = ☐
84 − 30 = ☐

c)
69 − 20 = ☐
81 − 60 = ☐
93 − 20 = ☐
72 − 70 = ☐
64 − 40 = ☐

2, 6, 9, 12, 12, 13, 17, 17, 21, 21, 22, 24, 49, 54, 73

Der Trick mit den Zehnern
3 + 2 = 5
32 + 20 = 52
3 − 2 = 1
32 − 20 = 12

⑤ Samuel hat 37 €. Er bekommt von seiner Oma 20 €.
F: Wie viele € hat Samuel nun?

⑥ Anna hat 37 €. Sie kauft eine Halskette für 20 €.
F: Wie viele € hat Anna nun?

Rechenstrategien nutzen

Platzhalteraufgaben

1 Erzähle. Am Anfang ... Dann ... Am Ende ... Rechne.

a) Fabian zählt seine 12 Fußballbilder. Nach seinem Geburtstag zählt er 62 Fußballbilder.
F: Wie viele Fußballbilder bekam er geschenkt?

b) Steffi steckt 62 Aufkleber in ihre Hosentasche. Abends findet sie dort nur noch 12 Aufkleber.
F: Wie viele Aufkleber hat sie verloren?

$12 + \square = 62$

$62 - \square = 12$

2 Welche Aufgaben (2) kannst du nicht lösen? Erkläre.

a)
$12 + \square = 62$
$26 + \square = 86$
$37 + \square = 67$
$64 + \square = 54$

b)
$36 + \square = 56$
$21 + \square = 51$
$19 + \square = 69$
$38 + \square = 98$

c)
$85 + \square = 85$
$76 + \square = 66$
$29 + \square = 99$
$85 + \square = 95$

0, 10, 20, 30, 30, 50, 50, 60, 60, 70

$1\,2 + 5\,0 = 6\,2$

Am Anfang liegen 1 Zehnerschachtel und 2 Erbsen da. Dann ... Am Ende ...

3 Welche Aufgaben (2) kannst du nicht lösen? Erkläre.

a)
$62 - \square = 12$
$37 - \square = 17$
$83 - \square = 63$
$56 - \square = 16$

b)
$91 - \square = 41$
$54 - \square = 34$
$29 - \square = 79$
$65 - \square = 35$

c)
$78 - \square = 68$
$46 - \square = 56$
$72 - \square = 22$
$38 - \square = 38$

0, 10, 20, 20, 20, 30, 40, 50, 50, 50

$6\,2 - 5\,0 = 1\,2$

Am Anfang liegen 6 Zehnerschachteln und 2 Erbsen da. Dann ... Am Ende ...

4 Erzähle. Am Anfang ... Dann ... Am Ende ... Rechne.

a) Luisa bekommt von ihrer Oma 30 Euro geschenkt. Nun hat sie 47 Euro.
F: Wie viele Euro hatte Luisa davor?

b) Moritz kauft einen Fußball für 30 Euro. Nun hat er noch 12 Euro.
F: Wie viele Euro hatte Moritz vor dem Einkauf?

$\square \, € + 30 \, € = 47 \, €$

$\square \, € - 30 \, € = 12 \, €$

5

a)
$\square + 30 = 47$
$\square + 20 = 83$
$\square + 50 = 50$
$\square + 10 = 35$
$\square + 30 = 72$

b)
$\square - 30 = 35$
$\square - 50 = 24$
$\square - 20 = 63$
$\square - 70 = 0$
$\square - 60 = 26$

c)
$\square + 40 = 51$
$\square + 70 = 99$
$\square - 10 = 86$
$\square - 40 = 12$
$\square - 80 = 5$

0, 11, 17, 25, 29, 42, 52, 63, 65, 70, 74, 83, 85, 86, 96

Ist der Platz ganz vorne leer, rechne ich von hinten her!

Zusammenhänge zwischen Sachsituationen und Rechenoperationen aufzeigen

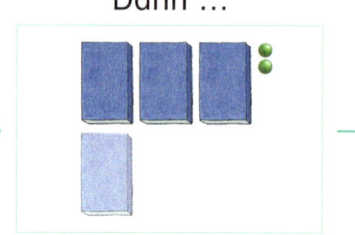

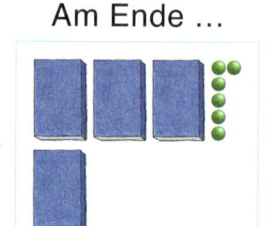

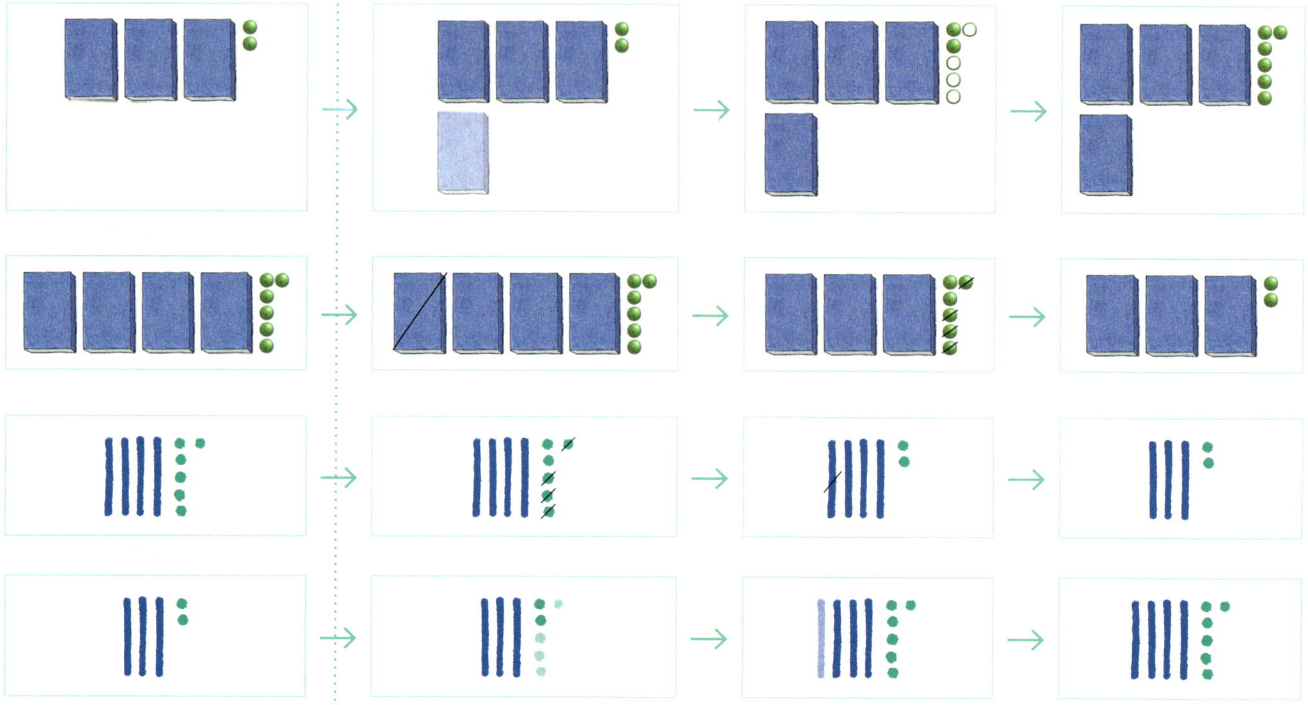

Trick: In Schritten rechnen

Seite 8, Aufgabe 1   12 + 3 = ☐

1 Welche Bildreihen passen zu welcher Rechnung?

32 + 14 = 46   46 − 14 = 32

Am Anfang ...	Dann ...	Dann ...	Am Ende ...
a)			
b)			
c)			
d)			

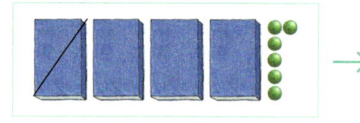

2 Wie rechnest du?

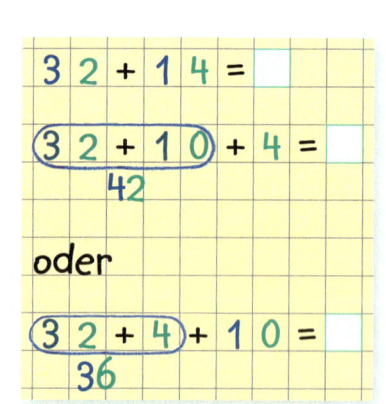

a)	b)	c)	d)
32 + 14	48 + 51	94 − 41	76 − 73
76 + 21	84 + 12	58 − 57	39 − 13
21 + 65	67 + 21	64 − 12	26 − 21
41 + 25	53 + 24	87 − 46	46 − 32

1, 3, 5, 14, 26, 46, 41, 52, 53, 66, 77, 86, 88, 96, 97, 99

3 2 + 1 4 = ☐
(3 2 + 1 0) + 4 = ☐
         42
oder
(3 2 + 4) + 1 0 = ☐
    36

Erfinde auch solche Rechentürme für „Unser Mathebuch".

3 Erkläre die Zahlen in den Turmfahnen. Rechne. Setze die Türme fort.

+9	+1		+10	−11				
7 + 41 =			41 + 58 =			29 − 19 =		
16 + 42 =			51 + 47 =			39 − 28 =		
25 + 43 =			61 + 36 =			49 − 37 =		
... + ... = ...			... + ... = ...			... − ... = ...		
52 + 46 =			91 + 3 =			79 − 64 =		

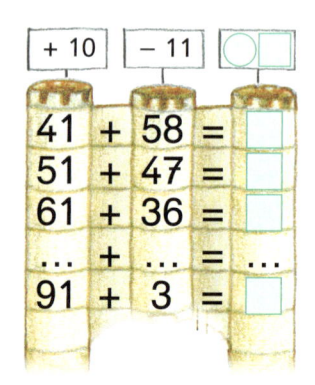

Aufgabenstern

① Dies ist ein Aufgabenstern. Ergänze passend.
Die Aufgaben am Rand helfen dir.

Zehnernähe • verwandte Aufgaben • Nachbaraufgaben • schrittweise rechnen • Bild • Rechengeschichte • kleine Aufgabe

Aufgabe
8 + 37 =

Mein Lieblingstrick:

$8 + 7 = \square$

$8 + 2 + 35 = \square$

Am Anfang …
Dann …
Am Ende …

$7 + 37 = \square$
$9 + 37 = \square$
$8 + 27 = \square$
$8 + 47 = \square$

$8 + 40 - 3 = \square$
$10 + 37 - 2 = \square$

$37 + 8 = \square$
$45 - 8 = \square$
$45 - 7 = \square$

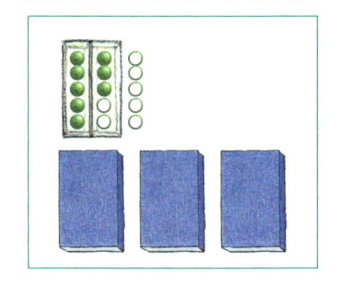

② Welche Lieblingsaufgabe hast du? Zeichne und schreibe dazu deinen Aufgabenstern.

③ Stellt eure Aufgabensterne in der Klasse vor. Sprecht darüber.

Rechenwege vergleichen und bewerten

Trick: In Schritten rechnen

Seite 35, Aufgabe 4   Zehnerübergang (+)

1 a) Wie rechnest du? 25 + 17 = ☐
b) Erzähle, wie die Kinder rechnen.

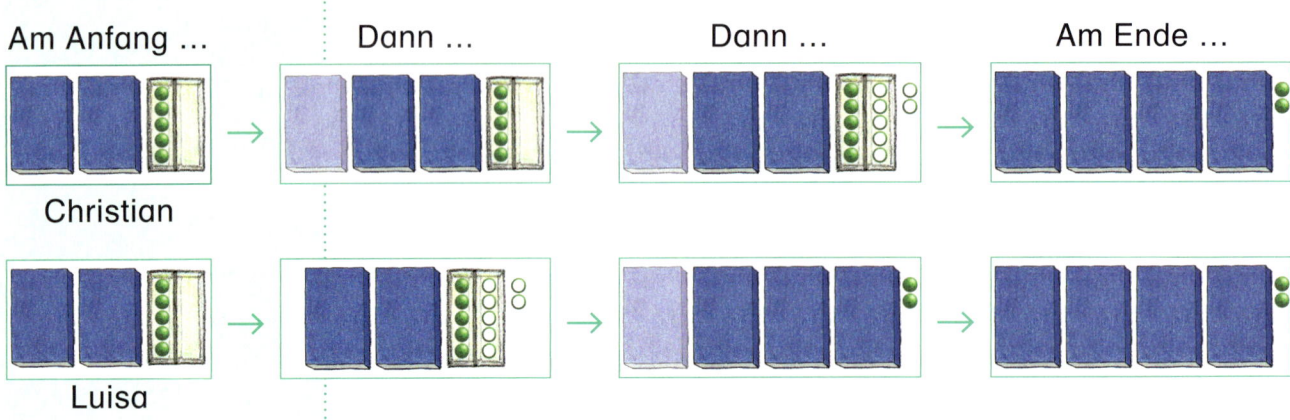

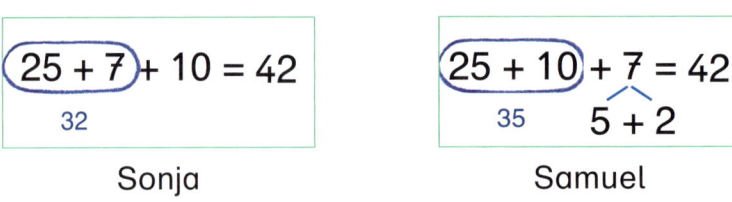

Am Anfang ... → Dann ... → Dann ... → Am Ende ...

Christian

Luisa

(25 + 7) + 10 = 42
         32
Sonja

(25 + 10) + 7 = 42
         35   5 + 2
Samuel

c) Welcher Rechenweg gefällt dir am besten?

2 Wie rechnest du?

a)	b)	c)	d)
17 + 28	46 + 15	65 + 26	24 + 7
37 + 28	16 + 28	42 + 19	45 + 28
67 + 28	76 + 17	18 + 43	15 + 59
27 + 28	36 + 46	9 + 16	57 + 8

25, 31, 44, 45, 55, 61, 61, 61, 65, 65, 73, 74, 82, 91, 93, 95

3 Schreibe viele (+) Aufgaben mit dem Ergebnis 91.

4 Achtung, Fehler (6)! Rechne alles richtig.

a)	b)	c)
15 + 16 = 31	29 + 16 = 45	16 + 65 = 71
16 + 18 = 24	43 + 39 = 72	37 + 54 = 91
47 + 24 = 71	75 + 18 = 83	23 + 29 = 52
56 + 37 = 83	13 + 49 = 62	16 + 37 = 53
68 + 13 = 81	34 + 59 = 93	38 + 46 = 74

28 + 29 =
39 + 29 =
45 + 29 =
56 + 29 =

Ich rechne auch mit dem Rechenrahmen.

5 28, 39, 45, 56 Rechne bei jeder Zahl:

a) + 29   b) + 38   c) + 19   d) + 37   e) + 26

48   AH Seiten 26, 28   FA 5   Rechenstrategien nutzen, Rechenwege vergleichen und bewerten

Trick: In Schritten rechnen

Seite 43, Aufgabe 4   Zehnerübergang −

1 a) Wie rechnest du? 32 − 17 = ☐
b) Erzähle, wie die Kinder rechnen.

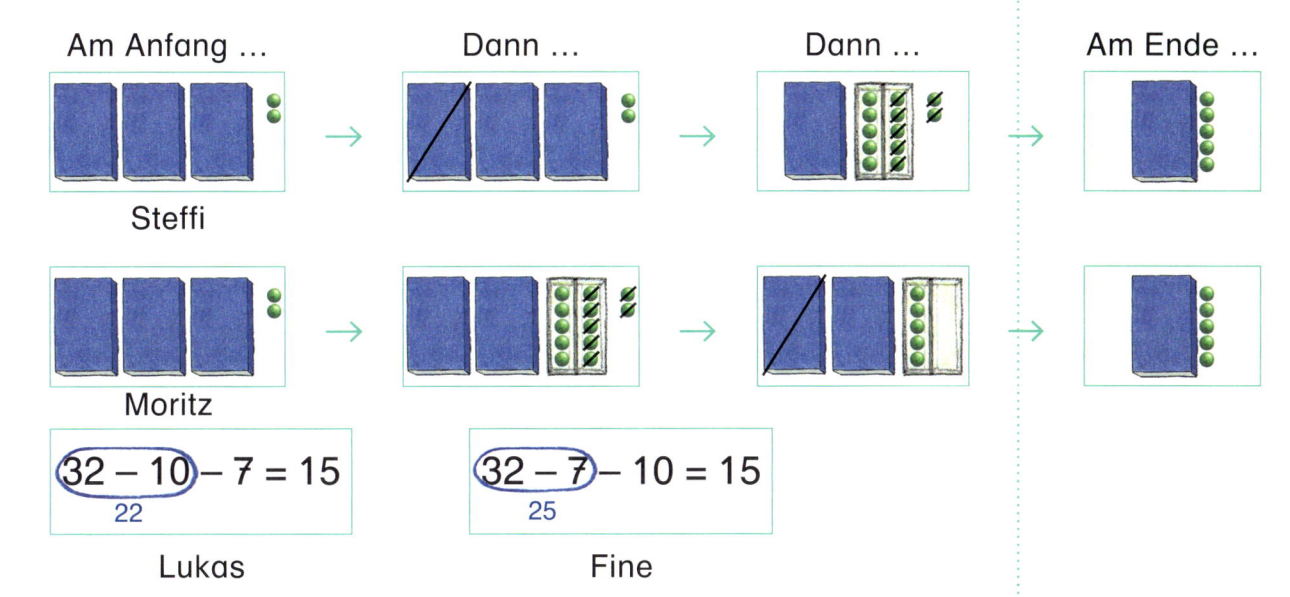

Am Anfang …   Dann …   Dann …   Am Ende …

Steffi

Moritz

(32 − 10) − 7 = 15
      22

Lukas

(32 − 7) − 10 = 15
      25

Fine

c) Welcher Rechenweg gefällt dir am besten?

2 Wie rechnest du? Rechne zur Probe (P) die Umkehraufgabe.

a)	b)	c)	d)
32 − 17	92 − 53	23 − 15	32 − 13
61 − 54	82 − 15	47 − 38	56 − 29
71 − 34	72 − 29	94 − 56	71 − 53
81 − 72	52 − 34	85 − 37	67 − 28

7, 8, 9, 9, 15, 18, 18, 19, 27, 37, 38, 39, 39, 43, 48, 67

3 2 − 1 7 = 1 5
P: 1 5 + 1 7 = 3 2

3 Schreibe viele − Aufgaben mit dem Ergebnis 19.

4 Achtung, Fehler (6)! Rechne alles richtig.

a)	b)	c)
63 − 17 = 46	92 − 13 = 79	68 − 49 = 19
85 − 38 = 53	64 − 26 = 38	84 − 46 = 38
41 − 28 = 27	76 − 69 = 13	72 − 27 = 45
54 − 35 = 19	36 − 17 = 19	93 − 59 = 44
72 − 19 = 53	92 − 29 = 53	85 − 17 = 72

5 73, 91, 64, 85   Rechne bei jeder Zahl:
a) − 29   b) − 38   c) − 49   d) − 17   e) − 57

7 3 − 2 9 =
9 1 − 2 9 =
6 4 − 2 9 =
8 5 − 2 9 =

Rechenstrategien nutzen, Rechenwege vergleichen und bewerten

➕ und ➖ : Rechnen mit Zehnerübergang

1 Mit und ohne Zehnerübergang!

a)	b)	c)	d)
31 + 40	51 + 4	98 − 70	42 − 9
68 + 6	17 + 20	82 − 5	54 − 23
26 + 65	46 + 16	63 − 54	92 − 78
48 + 31	33 + 9	75 − 31	67 − 40
54 + 19	24 + 45	56 − 39	81 − 74
15 + 73	82 + 18	44 − 22	79 − 39

2 Pass auf das Rechenzeichen auf.

a)	b)	c)	d)
54 + 18	38 + 19	75 + 16	63 + 37
54 − 18	38 − 19	75 − 16	63 − 37
46 + 37	62 + 29	47 + 38	82 + 18
46 − 37	62 − 29	47 − 38	82 − 18

9, 9, 19, 26, 33, 36, 57, 59, 64, 72, 83, 85, 91, 91, 100, 100

3

a)	b)	c)	d)
16 + 35	48 + 36	39 + 8	52 + 8
75 − 26	84 − 26	71 − 18	51 − 5
31 + 29	23 + 29	29 + 14	8 + 47
97 − 49	91 − 49	93 − 36	62 − 6
3 + 37	18 + 23	17 + 37	7 + 38
43 − 18	74 − 15	88 − 29	44 − 29

4 Wie heißt die Zahl?

a) Von 64 nimm 39 weg.

b) Die Zahl ist halb so groß wie 64.

c) Die Zahl ist um 25 kleiner als 73.

d) Nimm 28 von 51 weg.

e) Die Zahl ist das Doppelte von 48.

f) Die Zahl ist um 16 größer als 37.

g) Vergrößere 24 um die Zahl 37.

h) Die Zahl ist doppelt so groß wie 47.

i) Zähle zur Zahl 68 25 dazu.

23, 25, 32, 48, 53, 61, 93, 94, 96

5 Erfinde eigene Zahlenrätsel für „Unser Mathebuch"

Rechenstrategien nutzen

➕ und ➖ : Fehler finden

1 Rechne zur Probe (P) auch die Umkehraufgabe.

a)	b)	c)	d)
19 + 26	28 + 17	92 − 38	42 − 29
48 + 26	56 + 17	81 − 38	38 − 29
59 + 26	63 + 17	42 − 38	53 − 29
16 + 26	78 + 17	75 − 38	84 − 29
65 + 26	37 + 17	53 − 38	91 − 29

```
1 9 + 2 6 = ☐
P:  ☐ − 2 6 = 1 9
```

2 Lara und Timo haben falsch gerechnet. Erkläre, was sie falsch gemacht haben und rechne richtig.

81 − 27 = ☐
(81 − 20) + 7 = 68
61

38 + 15 = ☐
(83 + 10) + 5 = 98
93

3 Achtung Fehler (9)! Rechne alles richtig.

a)	b)	c)
68 + 29 = 97	63 − 56 = 17	36 + 28 = 54
43 + 38 = 82	41 − 16 = 25	45 + 27 = 72
29 + 54 = 83	86 − 76 = 16	14 + 67 = 81
55 + 36 = 91	21 − 15 = 6	72 − 63 = 9
13 + 29 = 32	54 − 27 = 26	56 − 37 = 29
47 + 25 = 73	94 − 56 = 38	87 − 29 = 62

4 Achtung, Fehler (3)! Finde sie, ohne zu rechnen.

a)	b)	c)
26 + 5 = 100	39 + 45 = 84	92 − 8 = 4
47 − 18 = 29	56 + 17 = 39	43 − 36 = 7

5 Oh, keine schönen Türme! Repariere sie und setze sie fort.

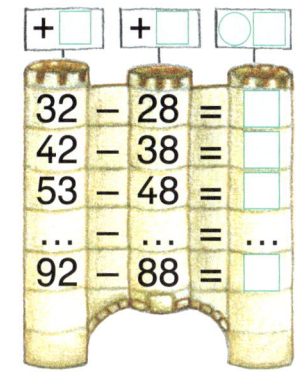

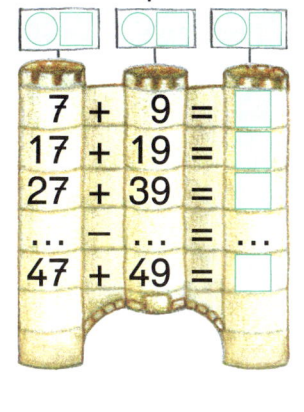

```
+☐  +☐  ☐
32 − 28 = ☐
42 − 38 = ☐
53 − 48 = ☐
... − ... = ...
92 − 88 = ☐
```

```
☐  ☐  ☐
 7 +  9 = ☐
17 + 19 = ☐
27 + 39 = ☐
... − ... = ...
47 + 49 = ☐
```

```
☐  ☐  ☐
13 + 69 = ☐
18 + 64 = ☐
23 + 49 = ☐
... − ... = ...
43 − 39 = ☐
```

Erfinde auch solche Rechentürme für „Unser Mathebuch".

Zahlenreihen

2 →+2 4 →+2 6 →+2 ...

Denke an die versteckten Rechenaufgaben.

1 Wichtige Zahlenreihen. Wie musst du rechnen?
- a) 2, 4, 6, … 20
- b) 10, 20, 30, … 100
- c) 5, 10, 15, … 50
- d) 20, 18, 16, … 0
- e) 100, 90, 80, … 0
- f) 50, 45, 40, … 0

2
- a) 3, 6, 9, … 30
- b) 4, 8, 12, … 40
- c) 8, 16, 24, … 80
- d) 6, 12, 18, … 60
- e) 9, 18, 27, … 90
- f) 7, 14, 21, … 70

3
- a) 30, 27, 24, … 0
- b) 40, 36, 32, … 0
- c) 50, 45, 40, … 0
- d) 60, 54, 48, … 0
- e) 90, 81, 72, … 0
- f) 70, 63, 56, … 0

4
- a) 2 →+☐ 4 →+☐ 10 →+☐ 12 →+☐ 18 →+☐ … 50
- b) 80 →−☐ 75 →−☐ 72 →−☐ 67 →−☐ 64 →−☐ … 0
- c) 7 →+☐ 16 →−☐ 12 →+☐ 21 →−☐ 17 →+☐ … 41

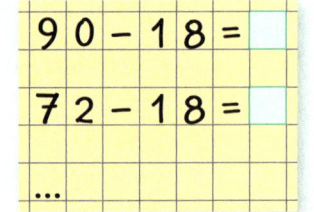

90 − 18 =
72 − 18 =
…

5
- a) 90 →−18 ☐ →−18 ☐ →−18 ☐ →−18 ☐ →−18 0
- b) 17 →+17 ☐ →+17 ☐ →+17 ☐ →+17 85
- c) 49 →+15 ☐ →−27 ☐ →+15 ☐ →−27 ☐ … 1
- d) 38 →+19 ☐ →−14 ☐ →+19 ☐ →−14 ☐ … 58

6 Erzähle und rechne.

*Am Anfang … 34
Dann … + 7
Dann … − 9
Am Ende …*

a) Am Anfang sind 34 Kinder im Bus. Dann steigen an der Haltestelle 7 Kinder ein und 9 Kinder aus.

F: Wie viele Kinder sind am Ende im Bus?

b) Auf dem Parkplatz stehen 9 Autos. Dann kommen noch 34 Autos und parken dort. 7 Autos fahren weg.

F: Wie viele Autos sind nun auf dem Parkplatz?

7 Schreibe eine Rechengeschichte zu 23 − 8 + 5 = ☐.

Das kann ich schon 2

1 Schreibe immer Frage (F), Rechnung (R), Antwort (A).

a) Samuel braucht zur Verzierung seines Puddings insgesamt 5 Nüsse. 3 Nüsse sind bereits auf dem Pudding.
F: Wie viele Nüsse muss Samuel noch dazu geben?

b) Samuels Schwester braucht zur Verzierung ihres Puddings doppelt so viele Nüsse wie Samuel.
F: Wie viele Nüsse braucht Samuels Schwester?

Bearbeite immer eine Aufgabe. Wie konntest du sie lösen? Male passend dazu:
☺ ☹ ☹

2 Setze ein: <, > oder =.

24 + 4 ○ 29 – 1   41 + 8 ○ 49 – 2   53 + 4 ○ 59 – 4
32 + 3 ○ 39 – 3   92 + 4 ○ 99 – 3   61 + 4 ○ 69 – 3

3 Ergänze.

1 Monat früher	dieser Monat	1 Monat später
	März	
	Juni	
	September	
	Dezember	
	Januar	

4 Schreibe das Datum mit …

a) Monatsnamen
30.6.2017
_____

b) Zahlen
1. April 2017
_____

5 Wie viele Tage hat der …

a) … Juli? ☐   b) … April? ☐

6 Welche beiden Teile ergeben zusammen …
a) … einen Quader?   b) … einen Würfel?   c) … eine Kugel?

A   B   C   D   E   F

7
a) 24 + ☐ = 30   b) 34 + 7 = ☐   c) 26 + 42 = ☐   d) 16 + 25 = ☐
   52 + ☐ = 60   65 + 9 = ☐   31 + 54 = ☐   47 + 39 = ☐

e) 40 – 5 = ☐   f) 32 – 8 = ☐   g) 46 – 34 = ☐   h) 61 – 14 = ☐
   50 – 7 = ☐   51 – 4 = ☐   64 – 53 = ☐   72 – 39 = ☐

8 Setze die Zahlenreihen fort.

a) 0, 3, 6, ☐, ☐, ☐, 18   b) 30, 25, 20, ☐, ☐, ☐, 0

Alles fertig? Überprüfe mit Seite 54.

Überprüfen und üben 2

→ S. 32 und 33

1 Schreibe immer Frage (F), Rechnung (R), Antwort (A).
  a) Samuel braucht zur Verzierung seines Puddings insgesamt 5 Nüsse. 3 Nüsse sind bereits auf dem Pudding.
  F: Wie viele Nüsse muss Samuel noch dazu geben?
  R: 3 + 2 = 5
  A: 2 Nüsse muss Samuel noch dazu geben.
  b) Samuels Schwester braucht zur Verzierung ihres Puddings doppelt so viele Nüsse wie Samuel.
  F: Wie viele Nüsse braucht Samuels Schwester?
  R: 5 + 5 = 10
  A: 10 Nüsse braucht Samuels Schwester.

→ S. 31/2

2 Setze ein: <, > oder =.

24 + 4 = 29 − 1   41 + 8 > 49 − 2   53 + 4 > 59 − 4
32 + 3 < 39 − 3   92 + 4 = 99 − 3   61 + 4 < 69 − 3

3 Ergänze.

1 Monat früher	dieser Monat	1 Monat später
Februar	März	April
Mai	Juni	Juli
August	September	Oktober
November	Dezember	Januar
Dezember	Januar	Februar

→ S. 38/7
→ S. 38/5
→ S. 38/2

4 Schreibe das Datum mit …
  a) Monatsnamen
  30.6.2017
  30. Juni 2017
  b) Zahlen
  1. April 2017
  1.4.2017

5 Wie viele Tage hat der …
  a) … Juli? 31
  b) … April? 30

→ S. 40/1

6 Welche beiden Teile ergeben zusammen …
  a) … einen Quader? A und D
  b) … einen Würfel? B und F
  c) … eine Kugel? C und E

A B C D E F

→ S. 34/3
  S. 35/2–4
  S. 46/2
  S. 50/2, 3
  S. 42/3
  S. 43/2–4
  S. 49/2

7
a) 24 + 6 = 30   b) 34 + 7 = 41   c) 26 + 42 = 68   d) 16 + 25 = 41
   52 + 8 = 60   65 + 9 = 74   31 + 54 = 85   47 + 39 = 86
e) 40 − 5 = 35   f) 32 − 8 = 24   g) 46 − 34 = 12   h) 61 − 14 = 47
   50 − 7 = 43   51 − 4 = 47   64 − 53 = 11   72 − 39 = 33

→ S. 52/1–3

8 Setze die Zahlenreihen fort.
a) 0, 3, 6, 9, 12, 15, 18   b) 30, 25, 20, 15, 10, 5, 0

Möglich, unmöglich oder sicher?

1 9 gewinnt!
(Spiel für 2 oder mehr Kinder)

- Würfelt abwechselnd immer mit zwei Würfeln.
- Zählt nach jedem Wurf die Würfelaugen zusammen. Bei 9 erhält das Kind, das gewürfelt hat, einen Strich.
- Wer hat zum Schluss die meisten Striche?

9! Ich bekomme einen Strich.

2 Spielt nach den Regeln von Aufgabe 1. Was stellt ihr fest?
a) Spielt: 12 gewinnt.   b) Spielt: 1 gewinnt.

3 Mit welchen Würfelpaaren kannst du diese Zahlen würfeln? Probiere und male.
a) 2   b) 3   c) 4   d) 5   e) 6   f) 7
g) 8   h) 9   i) 10   j) 11   k) 12   l) 13

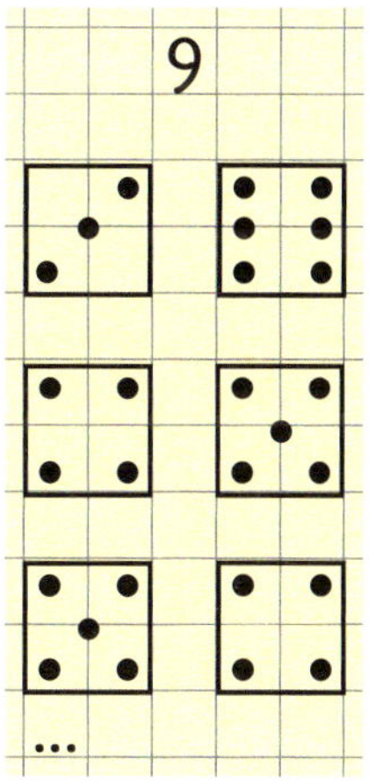

4 Welche von den Zahlen in Aufgabe 3 ist für das Spiel „☐ gewinnt!" am besten geeignet? Erkläre.

5 Bilde passende Sätze (4). Ein Wort bleibt übrig. Welches?
Du würfelst mit 2 Würfeln.

Die Zahl ☐ zu würfeln ist _____ .

9
13
2
7

möglich
sicher
unmöglich

6 Wahrscheinlich oder unwahrscheinlich? Schreibe zu jeder Aussage das passende Wort.

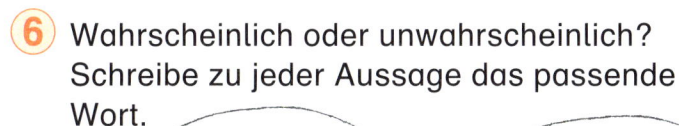

Morgen scheint die Sonne.
Nächste Woche habe ich keine Hausaufgaben.
An meinem Geburtstag gibt es Spaghetti.

Wichtige Wörter:
sicher
möglich
unmöglich
wahrscheinlich
unwahrscheinlich

Reise ins Land der Rechengeschichten

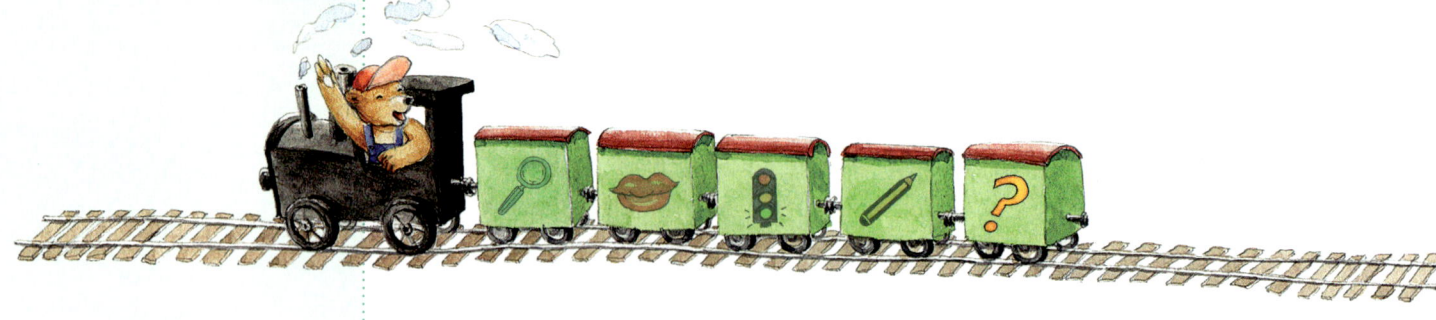

Lies die Rechengeschichten. Achte besonders auf die Fragen. Erst sie verraten, was wichtig ist. Spiele die Geschichten. Schreibe Frage (F), Rechnung (R), Antwort (A).

① Bibu hat 8 Honiggläser. Hartwin Hamster hat 6 Nüsse.
Jeder möchte von allem gleich viel haben.

a) F: Wie viele Honiggläser gibt Bibu ab?
b) F: Wie viele Nüsse gibt Hartwin Hamster ab?

② Bibu hat 10 Gummibärchen. Hartwin Hamster hat 4 Bonbons.
Jeder möchte von allem gleich viel haben. Welche beiden Fragen passen? Rechne.

F: Wie viele Gummibärchen gibt Bibu ab?
F: Wie viele Bonbons schmecken sauer?
F: Wie viele Bonbons gibt Hartwin Hamster ab?

③ Bibu hat 16 Blumentöpfe. Hartwin Hamster hat 20 Blumen.
Jeder möchte von allem gleich viel haben.
Schreibe zwei Fragen und rechne dazu.

④ Erfinde weitere Rechengeschichten mit zwei verschiedenen Fragen zu den Zahlen 18 und 2.

Die Frage führt zur Antwort.

Informationen aus Texten entnehmen; mathematische Fragestellungen formulieren

Spiele und rechne. Schreibe immer Frage (F), Rechnung (R), Antwort (A).

5 a) Bibu hat 6 Mandarinen. Hartwin Hamster hat 2 Mandarinen mehr.
F: Wie viele Mandarinen hat Hartwin Hamster?
b) Bibu und Hartwin wollen gleich viele Mandarinen haben.
F: Wie viele Mandarinen gibt Hartwin Hamster an Bibu ab?

6 a) Bibu hat 5 Flaschen Apfelsaft. Hartwin Hamster hat 4 Flaschen mehr.
F: Wie viele Flaschen hat Hartwin Hamster?
b) Beide wollen gleich viele Flaschen haben.
F: Wie viele Flaschen gibt Hartwin Hamster ab?

7 a) Bibu hat 10 Erdbeeren. Hartwin Hamster hat 6 weniger.
F: Wie viele Erdbeeren hat Hartwin?
b) Beide wollen gleich viele Erdbeeren haben.
F: Wie viele Erdbeeren gibt Bibu ab?

8 a) Bibu und Hartwin Hamster haben zusammen 12 Äpfel, aber Hartwin hat 2 Äpfel mehr.
F: Wie viele Äpfel hat jeder?

b) Beide wollen gleich viele Äpfel haben.
F: Wie viele Äpfel muss Hartwin abgeben?

9 a) Bibu und Hartwin Hamster haben zusammen 14 Birnen, Bibu hat 6 Birnen mehr als Hartwin Hamster.
F: Wie viele Birnen hat jeder?
b) Beide wollen gleich viele Birnen haben.
F: Wie viele Birnen muss Bibu abgeben?

10 Schreibe Rechengeschichten mit Bibu und Hartwin Hamster für „Unser Mathebuch". Denke an passende Rechenfragen.

Informationen aus Texten entnehmen; mathematische Fragestellungen formulieren

Geschichten vom Malnehmen

⏱ Seite 52, Aufgaben 1, 2 und 3   Zahlenreihen

① Luisa hängt Bilder auf. Wie viele Magnete braucht sie?

6 Bilder – wie viele Magnete brauche ich insgesamt?

So plant und rechnet Luisa. Rechne ebenso.

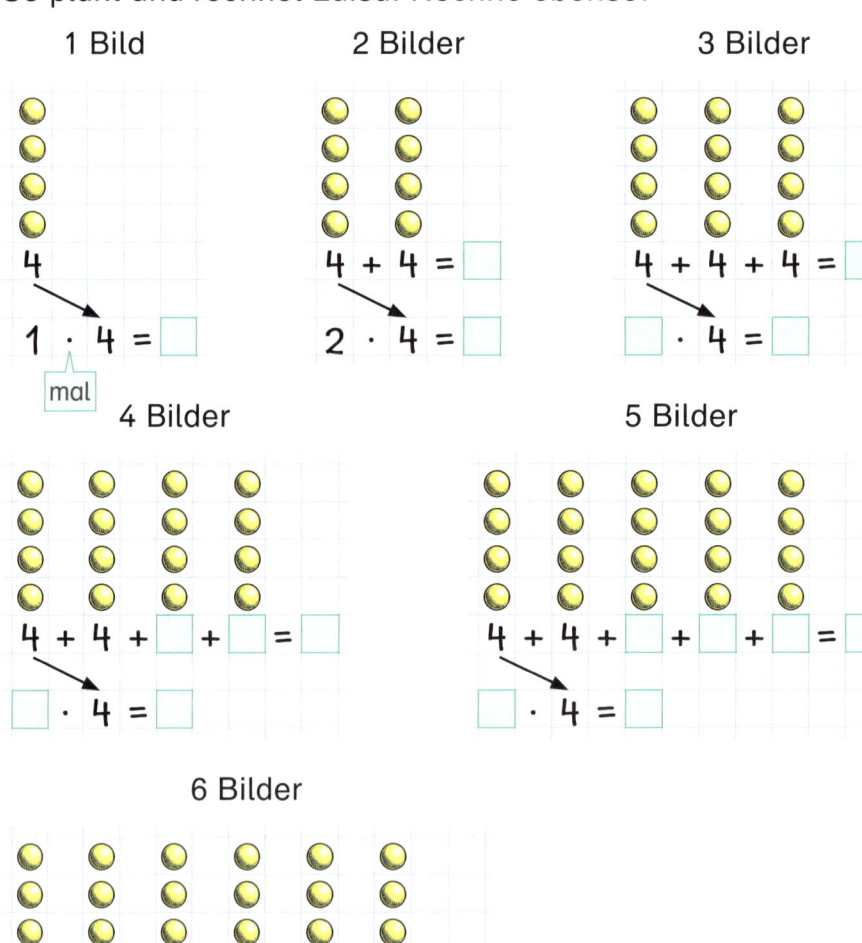

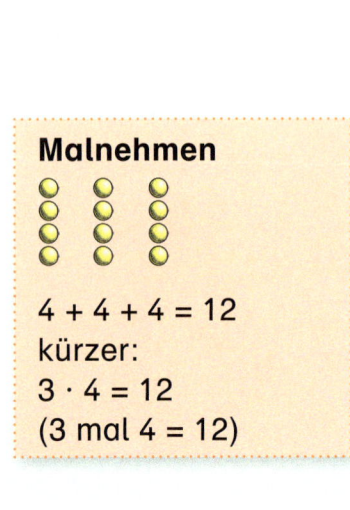

1 Bild
4
1 · 4 = ☐
mal

*1 · 4 = 4
1 mal 4 ist gleich 4.*

2 Bilder
4 + 4 = ☐
2 · 4 = ☐

3 Bilder
4 + 4 + 4 = ☐
☐ · 4 = ☐

4 Bilder
4 + 4 + ☐ + ☐ = ☐
☐ · 4 = ☐

5 Bilder
4 + 4 + ☐ + ☐ + ☐ = ☐
☐ · 4 = ☐

6 Bilder
4 + 4 + ☐ + ☐ + ☐ + ☐ = ☐
☐ · 4 = ☐

Malnehmen

4 + 4 + 4 = 12
kürzer:
3 · 4 = 12
(3 mal 4 = 12)

② Wie viele Magnete braucht Luisa? Zeichne und rechne.
a) für 7 Bilder   b) für 8 Bilder   c) für 9 Bilder   d) für 10 Bilder

58   AH Seite 32   Zusammenhang zwischen Addition und Multiplikation begründen

3 Erzähle und spiele die Rechengeschichten. Rechne.

a) 5 + ☐ + ☐ = ☐
☐ · 5 = ☐

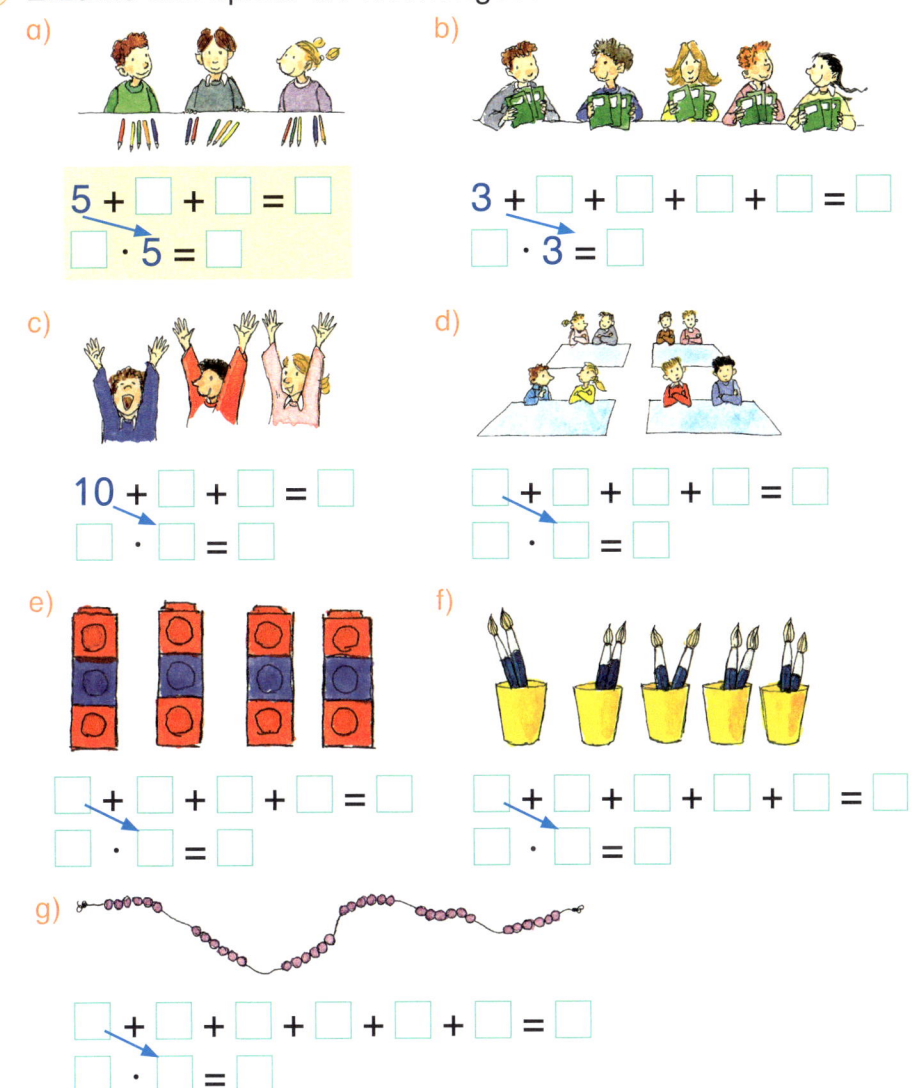

b) 3 + ☐ + ☐ + ☐ + ☐ = ☐
☐ · 3 = ☐

c) 10 + ☐ + ☐ = ☐
☐ · ☐ = ☐

d) ☐ + ☐ + ☐ + ☐ = ☐
☐ · ☐ = ☐

e) ☐ + ☐ + ☐ + ☐ = ☐
☐ · ☐ = ☐

f) ☐ + ☐ + ☐ + ☐ + ☐ = ☐
☐ · ☐ = ☐

g) ☐ + ☐ + ☐ + ☐ + ☐ = ☐
☐ · ☐ = ☐

> 3 Kinder haben Stifte. Jedes Kind hat 5 Stifte. Wie viele Stifte haben sie zusammen?

Bringt Dinge mit, in denen Einmaleinsaufgaben versteckt sind. Gestaltet eine Einmaleinsausstellung.

4 Im Bild findest du viele Malaufgaben. Rechne und schreibe.

| 3 + 3 + 3 + 3 = ☐ |
| 4 · 3 = ☐ |
| Es sind ☐ Fliesen. |

Wichtige Wörter für Einmaleinsgeschichten:

je, jede, jeder, jedes, jeweils, mal ...

Der Multiplikation verschiedene Handlungen und Sachsituationen zuordnen

Malnehmen und zeichnen

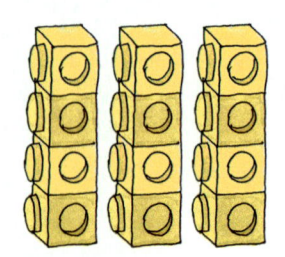

1 Zeichne und rechne.

a) 4 + ☐ + ☐ = ☐
☐ · ☐ = ☐

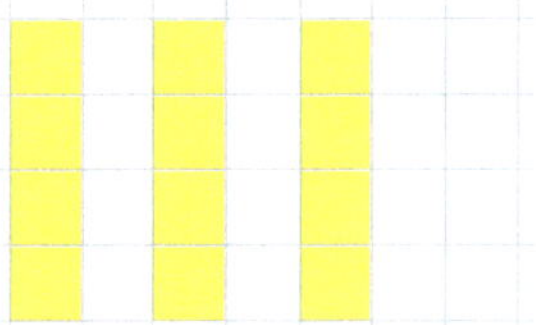

b) 2 + ☐ + ☐ + ☐ = ☐
☐ · ☐ = ☐

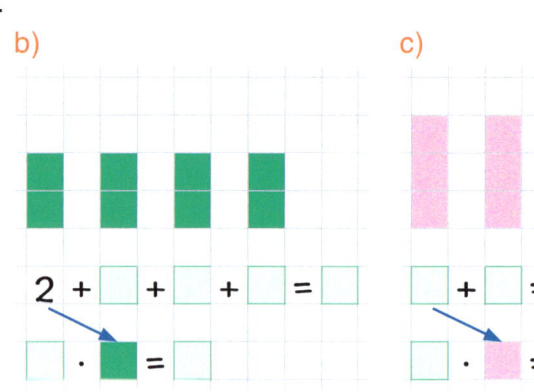

c) ☐ + ☐ = ☐
☐ · ☐ = ☐

Das sind 3 Vierertürme.

2 Zeichne und rechne wie in Aufgabe 1.

a) 3 · 5 = ☐
4 · 6 = ☐
8 · 10 = ☐

b) 8 · 2 = ☐
7 · 1 = ☐
5 · 8 = ☐

c) 3 · 9 = ☐
7 · 6 = ☐
4 · 8 = ☐

d) 2 · 7 = ☐
0 · 3 = ☐
5 · 4 = ☐

0, 7, 14, 15, 16, 20, 24, 27, 32, 40, 42, 80

3 Zeichne so und rechne.

a) 4 · 5 = ☐
b) 5 · 4 = ☐
c) 4 · 3 = ☐
d) 3 · 6 = ☐
e) 6 · 3 = ☐
f) 3 · 2 = ☐

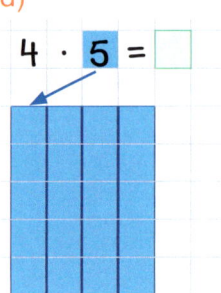

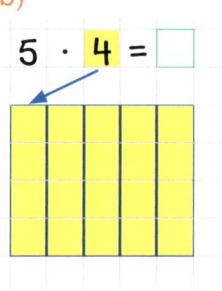

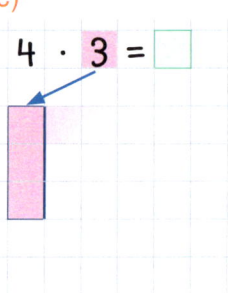

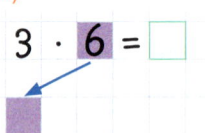

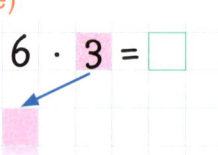

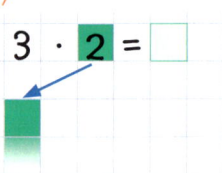

Malaufgaben
4 · 5

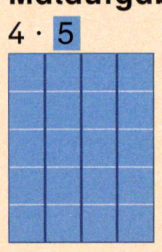

Die 2. Zahl sagt dir, wie viele Kästchen jeder Turm hat.

4 Zeichne wie in Aufgabe 3 und rechne.

a) 5 · 8 = ☐
8 · 5 = ☐
6 · 2 = ☐
2 · 6 = ☐
2 · 5 = ☐
5 · 2 = ☐

b) 7 · 3 = ☐
3 · 7 = ☐
4 · 9 = ☐
9 · 4 = ☐
7 · 10 = ☐
10 · 7 = ☐

c) 8 · 2 = ☐
2 · 8 = ☐
4 · 6 = ☐
6 · 4 = ☐
9 · 3 = ☐
3 · 9 = ☐

d) 6 · 5 = ☐
5 · 6 = ☐
9 · 0 = ☐
0 · 9 = ☐
4 · 7 = ☐
3 · 4 = ☐

Trick: Tauschaufgaben

1 Wer hat recht? Erkläre.

 Das sind 6 mal 3 Fliesen.
 Nein, das sind 3 mal 6 Fliesen.

2 Zeichne. Schreibe Aufgabe und Tauschaufgabe.

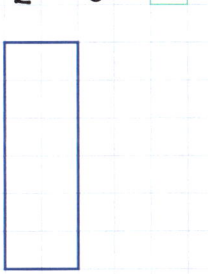

a) 2 · 6 = ☐
 6 · 2 = ☐

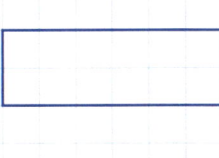

b) ☐ · 5 = ☐
 ☐ · ☐ = ☐

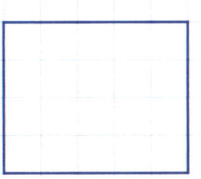

c) ☐ · 4 = ☐
 ☐ · ☐ = ☐

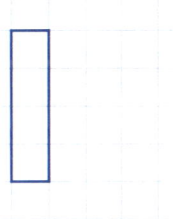

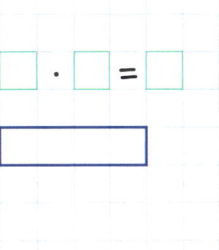

Bei · gilt: Kleine Zahl nach vorn.

3 Zeichne und rechne wie in Aufgabe 2.

a)	b)	c)	d)	e)
7 · 6	5 · 3	8 · 5	3 · 4	2 · 8
7 · 1	2 · 5	4 · 4	5 · 5	3 · 6

4 Rechne Aufgabe, Tauschaufgabe und dazu die Plusaufgaben. Umkreise jeweils die einfachste Aufgabe.

a)	b)	c)	d)	e)
3 · 2	5 · 4	8 · 2	8 · 3	7 · 3
7 · 2	9 · 2	9 · 3	9 · 5	6 · 6
4 · 6	5 · 3	7 · 9	4 · 2	8 · 4
5 · 1	6 · 5	10 · 3	7 · 5	9 · 4

3 · 2 = ☐
2 + 2 + 2 = ☐
2 · 3 = ☐
(3 + 3) = ☐

7 · 2 = 14
2 · 7 = 14

Tauschaufgaben haben immer das gleiche Ergebnis.

5 In der Zoohandlung sind 4 Käfige. In jedem Käfig schlafen 5 Hamster. F: Wie viele Hamster sind es zusammen?

Rechenstrategien nutzen AH Seite 33

Mein Fingereinmaleins · 2

Einmaleinsaufgaben kannst du mit dem Fingereinmaleins lernen. Hier zeige ich dir das Fingereinmaleins · 2.

① a) Erinnere dich! Zu jedem Finger gehört eine Zahl. Zähle.

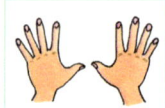

Zu jedem Einmaleins gehört eine Farbe. · 2 ist grün.

b) Zeichne deine Hände so auf wie die Kinder am Rand.
c) Zeichne und rechne ebenso bis 10 · 2 = ☐.

1 · 2 = 2   2 · 2 = 4   3 · 2 = 6

Ergebniszahl

② So übst du Einmaleinsaufgaben mit dem Fingereinmaleins.

Nimm dein Fingerblatt und lege die Hände so darauf, dass sie die Ergebniszahlen verdecken. Rechne die Aufgaben a) bis e) im Kopf.

Überprüfe dein Ergebnis, indem du den Finger zur Seite schiebst.

7 · 2 = 14   Richtig. 14!

a)	b)	c)	d)	e)
7 · 2	9 · 2	1 · 2	8 · 2	3 · 2
5 · 2	4 · 2	2 · 2	10 · 2	6 · 2

0 · 2 = ☐
1 · 2 = ☐
2 · 2 = ☐
3 · 2 = ☐
4 · 2 = ☐
5 · 2 = ☐
6 · 2 = ☐
7 · 2 = ☐
8 · 2 = ☐
9 · 2 = ☐
10 · 2 = ☐

0, 2, 4, 6, 8, 10, 12, 14, 16, 18, 20

③ Schreibe und rechne: Aufgabe und Tauschaufgabe.

a)	b)	c)	d)	e)
2 · 7	2 · 9	2 · 1	2 · 8	2 · 3
2 · 5	2 · 4	2 · 2	2 · 10	2 · 6

④
a)	b)	c)	d)
☐ · 2 = 20	☐ · 2 = 10	☐ · 2 = 18	☐ · 2 = 12
☐ · 2 = 6	☐ · 2 = 4	☐ · 2 = 8	☐ · 2 = 16

Lerne diese Kernaufgaben mit dem Fingereinmaleins auswendig.

Das Einmaleins mit ·1 und ·10

1 Übe mit dem Fingereinmaleins

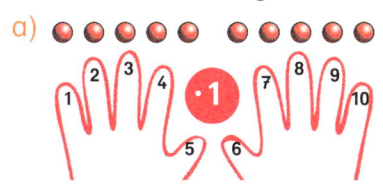

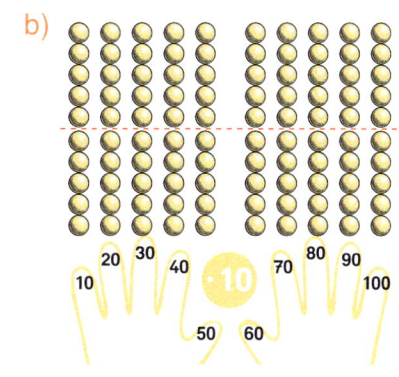

a)   b)

2
a)	b)	c)	d)	e)
3 · 1	5 · 1	8 · 1	9 · 1	6 · 1
3 · 10	5 · 10	8 · 10	9 · 10	6 · 10

f)	g)	h)	i)	j)
7 · 1	2 · 1	1 · 1	4 · 1	10 · 1
7 · 10	2 · 10	1 · 10	4 · 10	10 · 10

3 Rechne Aufgabe und Tauschaufgabe.

a)	b)	c)	d)	e)	f)
3 · 10	4 · 2	6 · 1	10 · 2	1 · 7	2 · 8
5 · 2	8 · 1	9 · 10	2 · 6	10 · 5	10 · 7
9 · 1	4 · 10	7 · 2	1 · 9	2 · 9	1 · 5
3 · 2	8 · 10	1 · 1	2 · 1	10 · 6	2 · 0
0 · 10	2 · 2	10 · 10	10 · 1	4 · 1	3 · 1

4 Die Tauschaufgabe hilft.

a)
☐ · 10 = 40
☐ · 1 = 4
☐ · 10 = 20
☐ · 1 = 2
☐ · 10 = 60
☐ · 1 = 6

b)
☐ · 10 = 70
☐ · 1 = 7
☐ · 10 = 50
☐ · 1 = 5
☐ · 10 = 30
☐ · 1 = 3

c)
☐ · 10 = 90
☐ · 1 = 9
☐ · 10 = 10
☐ · 1 = 1
☐ · 10 = 80
☐ · 1 = 8

d)
☐ · 2 = 16
☐ · 2 = 10
☐ · 2 = 12
☐ · 2 = 18
☐ · 2 = 20
☐ · 2 = 14

5 Samuels Mutter kauft für Ostern 3 Schachteln mit Eiern.
In jeder Schachtel sind 10 Eier.
F: Wie viele Eier darf Samuel färben?

6 Schreibe eine Rechengeschichten zu 3 · 10 = ☐

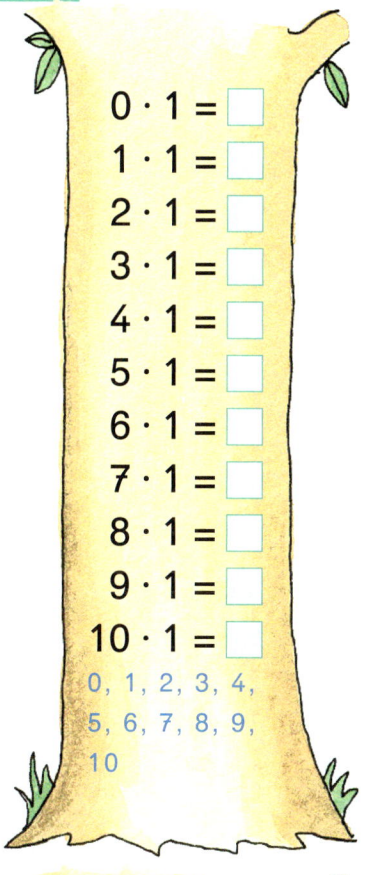

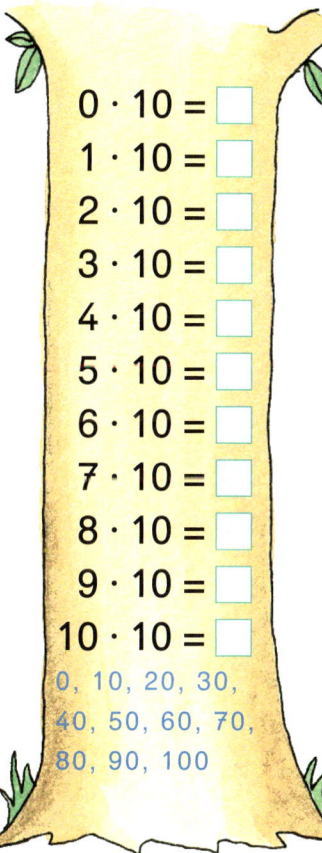

---

0 · 1 = ☐
1 · 1 = ☐
2 · 1 = ☐
3 · 1 = ☐
4 · 1 = ☐
5 · 1 = ☐
6 · 1 = ☐
7 · 1 = ☐
8 · 1 = ☐
9 · 1 = ☐
10 · 1 = ☐

0, 1, 2, 3, 4, 5, 6, 7, 8, 9, 10

0 · 10 = ☐
1 · 10 = ☐
2 · 10 = ☐
3 · 10 = ☐
4 · 10 = ☐
5 · 10 = ☐
6 · 10 = ☐
7 · 10 = ☐
8 · 10 = ☐
9 · 10 = ☐
10 · 10 = ☐

0, 10, 20, 30, 40, 50, 60, 70, 80, 90, 100

Lerne diese Kernaufgaben mit dem Fingereinmaleins auswendig.

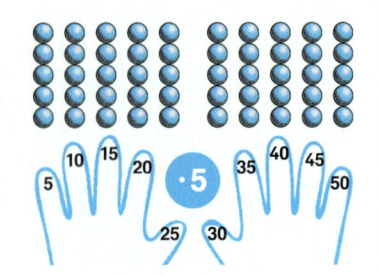

Das Einmaleins mit ·5

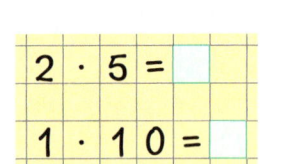

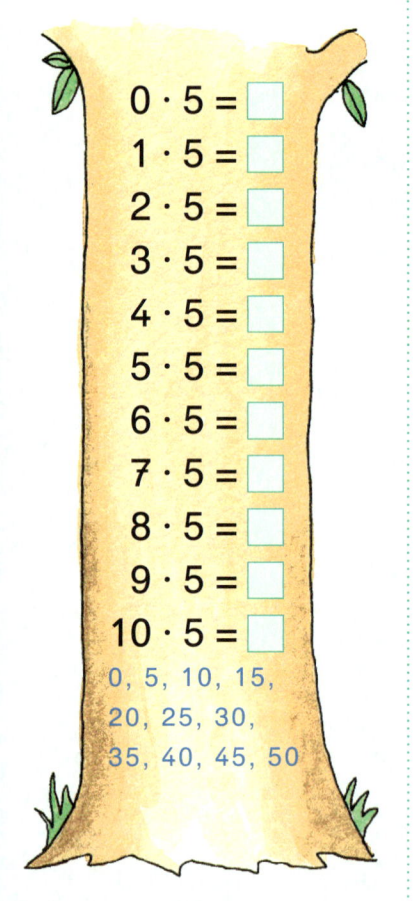

1 Wie rechnest du? Erkläre.
a) 6 · 5 = ☐   b) 8 · 5 = ☐   c) 7 · 5 = ☐   d) 9 · 5 = ☐

2 Rechne zu jedem Bild eine Aufgabe zu ·5 und ·10.

| 6 · 5 | 2 · 5 | 10 · 5 | 8 · 5 | 4 · 5 |
| 4 · 10 | 5 · 10 | 2 · 10 | 1 · 10 | 3 · 10 |

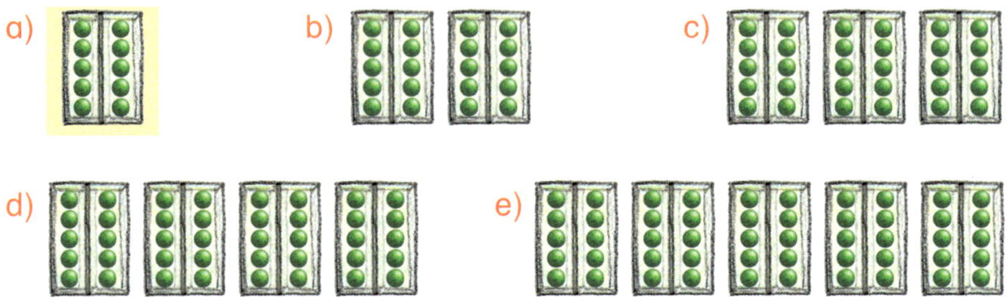

a)   b)   c)
d)   e)

2 · 5 =
1 · 10 =

3 Schreibe zu jedem Bild die passende Aufgabe mit ·5.
a)   b)   c)
d)   e)

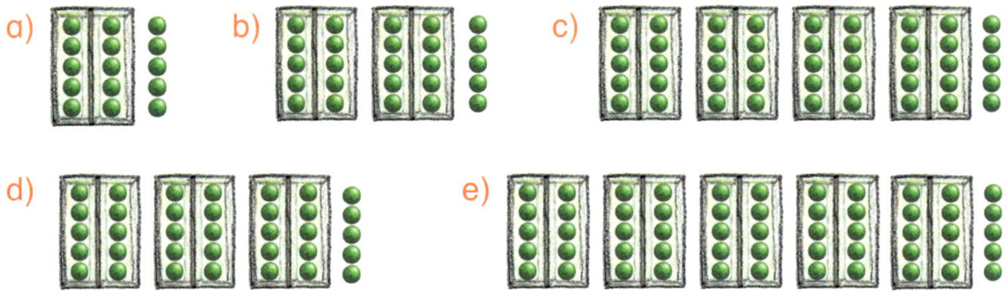

4 Schreibe Aufgabe und Tauschaufgabe.

a)	b)	c)	d)	e)	f)
7 · 5	3 · 5	6 · 10	9 · 1	2 · 5	4 · 5
3 · 2	9 · 10	2 · 2	8 · 5	6 · 2	7 · 10
9 · 5	8 · 2	1 · 1	9 · 2	3 · 10	5 · 2
4 · 10	3 · 1	6 · 5	2 · 10	7 · 1	4 · 1
6 · 1	4 · 2	1 · 5	5 · 10	7 · 2	5 · 5

5
a)	b)	c)	d)
☐ · 5 = 20	☐ · 5 = 5	☐ · 2 = 14	☐ · 10 = 30
☐ · 5 = 10	☐ · 5 = 15	☐ · 2 = 12	☐ · 10 = 50
☐ · 5 = 30	☐ · 5 = 25	☐ · 2 = 16	☐ · 10 = 90
☐ · 5 = 50	☐ · 5 = 45	☐ · 2 = 18	☐ · 10 = 60
☐ · 5 = 40	☐ · 5 = 35	☐ · 2 = 20	☐ · 10 = 70

1, 2, 3, 3, 4, 5, 5, 6, 6, 6, 7, 7, 7, 8, 8, 9, 9, 9, 10, 10

---

0 · 5 = ☐
1 · 5 = ☐
2 · 5 = ☐
3 · 5 = ☐
4 · 5 = ☐
5 · 5 = ☐
6 · 5 = ☐
7 · 5 = ☐
8 · 5 = ☐
9 · 5 = ☐
10 · 5 = ☐

0, 5, 10, 15, 20, 25, 30, 35, 40, 45, 50

Lerne diese Kernaufgaben mit dem Fingereinmaleins auswendig.

Kernaufgaben des Einmaleins automatisiert und flexibel anwenden

Quadrataufgaben

① Diese Aufgaben heißen Quadrataufgaben. Warum wohl?
Zeichne wie am Rand und rechne.

a) 1·1   b) 3·3   c) 5·5   d) 7·7   e) 9·9
   2·2   4·4   6·6   8·8   10·10

1·1 =
2·2 =
3·3 =

② a) 1·1   b) 3·3   c) 6·10   d) 9·10   e) 7·10
   2·2   5·5   6·5   9·5   7·5
   4·4   6·6   6·2   9·2   7·2
   8·8   7·7   6·1   9·1   7·1
   10·10   9·9   1·6   5·9   2·7

③ 3, 5, 1, 10, 9, 6, 4, 8, 2, 7, 0. Rechne jede Zahl …

a) … · 2   b) … · 5   c) … · 10   d) … · 1

3 · 2 =   1 · 2 =   9 · 2 =   …
5 · 2 =   10 · 2 =   6 · 2 =

④ a) ☐·5 = 25   b) ☐·5 = 30   c) ☐·10 = 90   d) ☐·2 = 4
   ☐·9 = 81   ☐·6 = 36   ☐·4 = 16   ☐·2 = 20
   ☐·2 = 10   ☐·3 = 9   ☐·5 = 20   ☐·10 = 100
   ☐·8 = 64   ☐·7 = 49   ☐·1 = 1   ☐·1 = 9

1, 2, 3, 4, 4, 5, 5, 6, 6, 7, 8, 9, 9, 9, 10, 10

0· 0 =
1· 1 =
2· 2 =
3· 3 =
4· 4 =
5· 5 =
6· 6 =
7· 7 =
8· 8 =
9· 9 =
10· 10 =

0, 1, 4, 9, 16, 25, 36, 49, 64, 81, 100

⑤ Wie viele Kugeln hat die Pyramide?

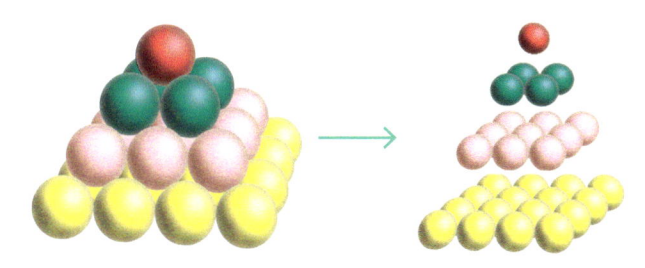

⑥ Fine geht von Montag bis Freitag zur Schule.
In 5 Wochen hat sie Ferien.
F: Wie viele Tage muss sie noch zur Schule gehen?

⑦ Schreibe eine Rechengeschichte zu 4 · 4 = ☐.

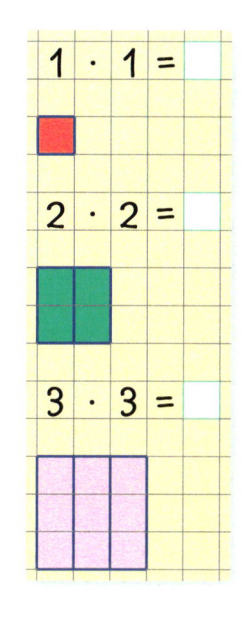

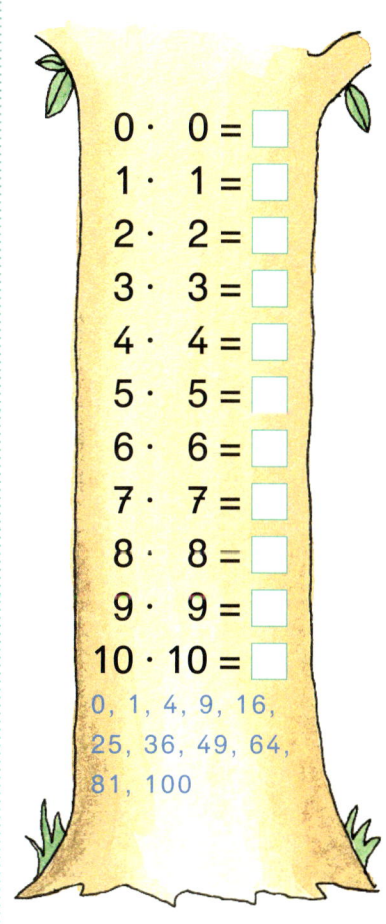

Quadrataufgaben sind Kernaufgaben. Lerne sie auswendig.

Kernaufgaben des Einmaleins automatisiert und flexibel anwenden

Kernaufgaben

Aus den Kernaufgaben erwächst das ganze Einmaleins.

→ S. 83, 89, 90, 91, 92, und 93

·	0	1	2	3	4	5	6	7	8	9	10
0	0	0	0	0	0	0	0	0	0	0	0
1	0	1	2	3	4	5	6	7	8	9	10
2	0	2	4	6	8	10	12	14	16	18	20
3	0	3	6	9	12	15	18	21	24	27	30
4	0	4	8	12	16	20	24	28	32	36	40
5	0	5	10	15	20	25	30	35	40	45	50
6	0	6	12	18	24	30	36	42	48	54	60
7	0	7	14	21	28	35	42	49	56	63	70
8	0	8	16	24	32	40	48	56	64	72	80
9	0	9	18	27	36	45	54	63	72	81	90
10	0	10	20	30	40	50	60	70	80	90	100

1 In der Einmaleinstafel siehst du in den braunen und weißen Feldern Zahlen. Das sind Ergebnisse von Einmaleinsaufgaben. In den braunen Feldern stehen die Ergebnisse von Kernaufgaben.
Schreibe immer 9 passende Kernaufgaben ...

a) ... zu dem Ergebnis 0.

b) ... zu den Ergebnissen mit einer 0 an der Einerstelle.

c) ... zu den Ergebnissen mit einer 5 an der Einerstelle.

d) ... zu den Ergebnissen mit einer geraden Zahl.
   Sie haben 0, 2, 4, 6 oder 8 Einer.

e) ... zu den Ergebnissen von Quadrataufgaben.

2 Übt Kernaufgaben. Ein Kind zeigt in der Einmaleinstafel auf ein braunes Feld, das andere Kind nennt eine passende Kernaufgabe. Wechselt euch ab.

3 In der Einmaleinstafel siehst du 42 Zahlen in weißen Feldern. Schreibe zu 20 dieser Zahlen die passenden Malaufgaben.

Übe die Kernaufgaben immer wieder, bis du sie sicher und schnell auswendig kannst.

Das kann ich schon 3

Bearbeite immer eine Aufgabe. Wie konntest du sie lösen? Male passend dazu:
☺ 😐 ☹

1 Du würfelst mit einem Würfel.
Setze richtig ein: sicher, möglich, unmöglich.

Es ist ☐, dass ich eine 6 würfle.
Es ist ☐, dass ich eine 0 würfle.
Es ist ☐, dass ich keine 7 würfle.

2 Schreibe zu den Bildern die passende Aufgabe: ☐ + ☐ = ☐

3 In der Klasse 2a sind 20 Kinder. Es sind 2 Mädchen mehr als Jungen.
F: Wie viele Mädchen und wie viele Jungen sind das?

4 Rechne zu jeder Malaufgabe die passende Plusaufgabe.

a) 3 · 4 = ☐
☐ + ☐ + ☐ = ☐

b) 4 · 6 = ☐
☐ + ☐ + ☐ + ☐ = ☐

c) 2 · 7 = ☐
☐ + ☐ = ☐

5
a)
7 · 2 = ☐
9 · 2 = ☐
☐ · 2 = 12
☐ · 2 = 8

b)
3 · 1 = ☐
8 · 10 = ☐
☐ · 1 = 5
☐ · 10 = 60

c)
6 · 5 = ☐
8 · 5 = ☐
☐ · 5 = 15
☐ · 5 = 35

d)
7 · 7 = ☐
9 · 9 = ☐
☐ · ☐ = 25
☐ · ☐ = 64

6 Schreibe jeweils Aufgabe und Tauschaufgabe.

a) 2 · 9 = ☐
☐ · ☐ = ☐

b) 5 · 4 = ☐
☐ · ☐ = ☐

c) 2 · 6 = ☐
☐ · ☐ = ☐

d) 5 · 8 = ☐
☐ · ☐ = ☐

7 Schreibe zum Rechteck die passende Malaufgabe.
☐ · ☐ = ☐

8 Stell dir vor, du faltest von einem Quadrat die linke obere Ecke auf die rechte untere Ecke. Welche Form entsteht?

Alles fertig? Überprüfe mit Seite 68.

AH Seite 37

Überprüfen und üben 3

→ S. 55/5

1 Du würfelst mit einem Würfel.
Setze richtig ein: sicher, möglich, unmöglich.

Es ist möglich, dass ich eine 6 würfle.

Es ist unmöglich, dass ich eine 0 würfle.

Es ist sicher, dass ich keine 7 würfle.

→ S. 56

2 Schreibe zu den Bildern die passende Aufgabe: 5 + 4 = 9

→ S. 57/9

3 In der Klasse 2a sind 20 Kinder. Es sind 2 Mädchen mehr als Jungen.
F: Wie viele Mädchen und wie viele Jungen sind das?
R: 12 + 8 = 20
A: Es sind 12 Mädchen und 8 Jungen.

→ S. 60/1, 2

4 Rechne zu jeder Malaufgabe die passende Plusaufgabe.
a) 3 · 4 = 12
4 + 4 + 4 = 12
b) 4 · 6 = 24
6 + 6 + 6 + 6 = 24
c) 2 · 7 = 14
7 + 7 = 14

→ S. 62/2, 4
S. 63/2, 4
S. 64/1, 5
S. 65/1, 4

5
a) 7 · 2 = 14
9 · 2 = 18
6 · 2 = 12
4 · 2 = 8
b) 3 · 1 = 3
8 · 10 = 80
5 · 1 = 5
6 · 10 = 60
c) 6 · 5 = 30
8 · 5 = 40
3 · 5 = 15
7 · 5 = 35
d) 7 · 7 = 49
9 · 9 = 81
5 · 5 = 25
8 · 8 = 64

→ S. 61/2, 3

6 Schreibe jeweils Aufgabe und Tauschaufgabe.
a) 2 · 9 = 18
9 · 2 = 18
b) 5 · 4 = 20
4 · 5 = 20
c) 2 · 6 = 12
6 · 2 = 12
d) 5 · 8 = 40
8 · 5 = 40

7 Schreibe zum Rechteck die passende Malaufgabe.
6 · 3 = 18

→ S. 60/3

8 Stell dir vor, du faltest von einem Quadrat die linke obere Ecke auf die rechte untere Ecke. Welche Form entsteht?
Dreieck

Achtung, Fehler!

1 Zu den Bildern wurde leider falsch gerechnet. Rechnet richtig und begründet euren Lösungsweg.

a) 4 · 3 = 7

b) 4 · 2 = 10

c) 5 + 2 = 7

d) 7 · 2 = 14

e) 3 · 3 = 6

f) 3 + 2 = 5

Hier muss ich ☐ · ☐ = ☐ rechnen, weil…

Das Ergebnis von ☐ · ☐ ist ☐, denn …

Ich rechne ☐ + ☐ = ☐, weil …

Die Rechnung passt hier nicht, weil …

2 Schreibe zu den Bildern in Aufgabe 1 Rechengeschichten.

3 Male und schreibe so eine Seite für „Unser Mathebuch".

Rechenfehler finden, erklären und korrigieren; Lösungswege begründen

Aufteilen

1 Samuel hängt Bilder auf. Er braucht immer 4 Magnete für ein Bild.

12 Magnete! Für wie viele Bilder reichen sie?

Mich erinnert die Zeichnung an eine Malaufgabe. Weißt du, an welche?

So plant und rechnet Samuel. Erkläre.

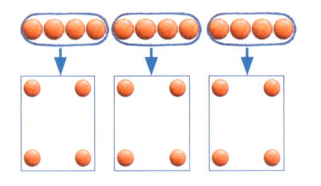

Für so viele Bilder reichen die Magnete.

12 : 4 = ☐

Anzahl der Magnete

Anzahl der Magnete pro Bild

2 Immer 4 Magnete für ein Bild. Für wie viele Bilder reichen die Magnete? Zeichne und rechne wie in Aufgabe 1.
- a) 8 Magnete
- b) 16 Magente
- c) 4 Magnete
- d) 24 Magnete
- e) 28 Magnete
- f) 36 Magnete
- g) 32 Magnete
- h) 20 Magnete
- i) 40 Magnete

15 : 5 = ☐

20 : 5 = ☐

10 : 2 = ☐

18 : 3 = ☐

3 Erzähle Rechengeschichten. Rechne.

Es gibt …	Jedes Kind bekommt …	Wie viele Kinder erhalten …?
a)		?
b)		?
c)		?
d)		?

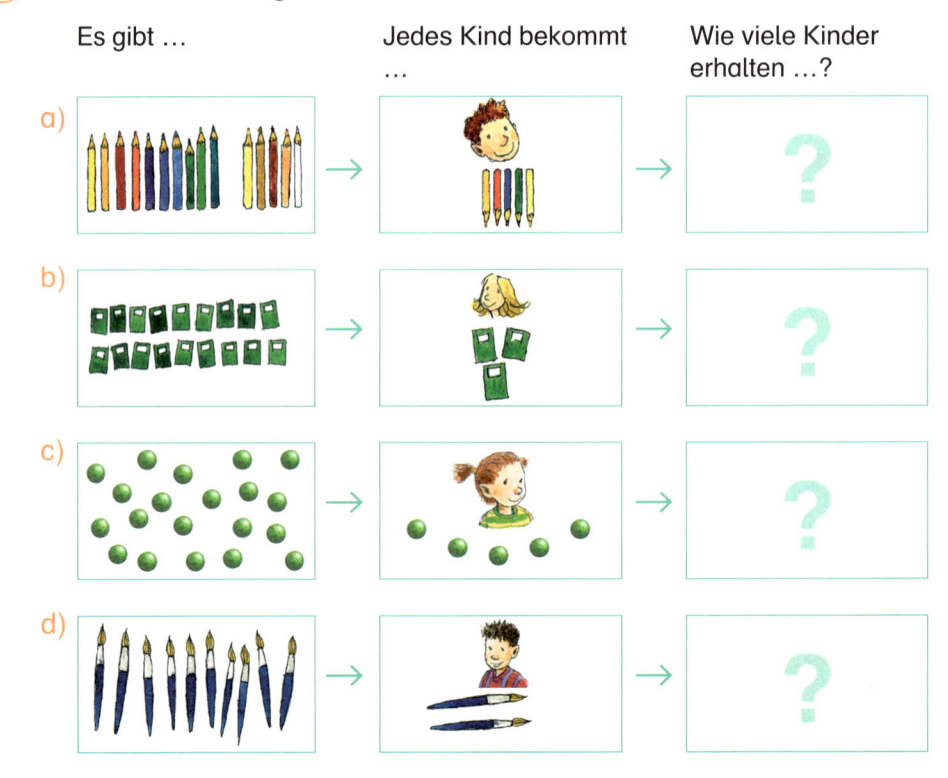

Aufteilen
12 : 4 = 3

geteilt durch 4

Verteilen

1 Wie können die Kinder die Gummibärchen gerecht verteilen? Erkläre.

Samuel   Hannes   Luisa

So viele Gummibärchen bekommt jedes Kind.

12 : 3 = ☐

Anzahl der Gummibärchen   Anzahl der Kinder

Nimm immer 3 Gummibärchen für die 3 Kinder gleichzeitig weg.

2 Verteile gerecht. Zeichne einfach und rechne.

a) 8 🍓 → 4 Kinder
   8 🍓 → 2 Kinder

b) 12 🍏 → 6 Kinder
   12 🍏 → 2 Kinder

c) 15 🍇 → 3 Kinder
   15 🍇 → 5 Kinder

d) 6 🍐 → 6 Kinder
   6 🍐 → 1 Kind

e) 10 🍌 → 2 Kinder
   10 🍌 → 5 Kinder

f) 14 🍒 → 2 Kinder
   14 🍒 → 7 Kinder

8 : 4 = ☐

3 Verteile immer 20 Bälle gerecht an die Kinder. Zeichne und rechne.

a) an 5 Kinder   b) an 10 Kinder   c) an 2 Kinder   d) an 4 Kinder

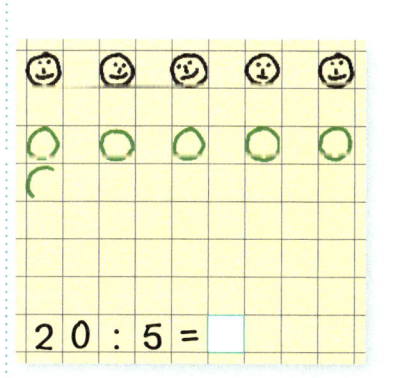

4 Zeichne und rechne. Es sind 6 Bälle. Sie werden an 3 Kinder verteilt. Wie viele Bälle bekommt jedes Kind?

20 : 5 = ☐

5 Schreibe Rechengeschichten zu 8 : 2 = ☐ und 15 : 5 = ☐.

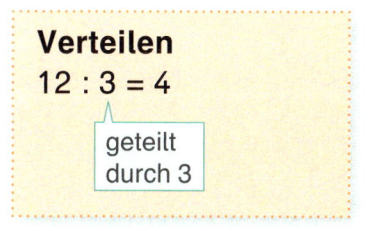

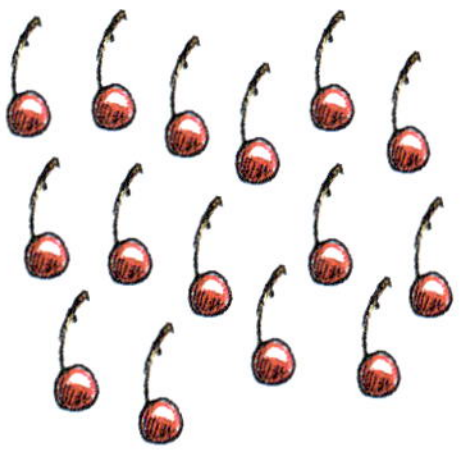

Verteilen
12 : 3 = 4
   geteilt durch 3

Der Division verschiedene Handlungen und Sachsituationen zuordnen   FA 6, 7   AH Seite 39

Trick: Umkehraufgabe

Seite 66, Aufgabe 1   Kernaufgaben

① Zu jeder Geteiltaufgabe gehört die verwandte Malaufgabe, die Umkehraufgabe. Erkläre.

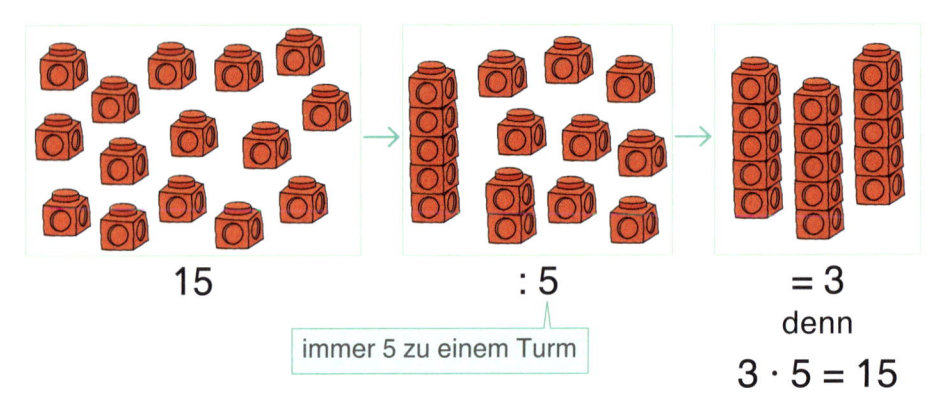

15   : 5   = 3
     immer 5 zu einem Turm   denn
                  3 · 5 = 15

3 0 : 6 =
d e n n
☐ · 6 = 3 0

1 0 : 2 =
d e n n
☐ · 2 = 1 0

② Immer 30 Würfel werden verteilt. Für wie viele Kinder reichen sie? Schreibe immer die Geteiltaufgabe und die passende Malaufgabe. Jedes Kind erhält ...
a) ... 6 Würfel   b) ... 10 Würfel   c) ... 3 Würfel   d) ... 5 Würfel

③ Beim Teilen zur Malaufgabe eilen.

a)	b)	c)	d)
10 : 2	50 : 10	25 : 5	5 : 1
20 : 2	100 : 10	50 : 5	9 : 3
8 : 2	40 : 10	20 : 5	49 : 7
18 : 2	90 : 10	45 : 5	36 : 6
4 : 2	20 : 10	10 : 5	16 : 4
14 : 2	70 : 10	35 : 5	1 : 1
12 : 2	60 : 10	30 : 5	81 : 9
6 : 2	30 : 10	15 : 5	6 : 1
2 : 2	10 : 10	5 : 5	64 : 8
16 : 2	80 : 10	40 : 5	7 : 1

Rechentrick: Umkehraufgabe!

④ Zeichne und rechne.
a) Es werden 20 Stifte verpackt. Jeweils 5 Stifte kommen in eine Schachtel.
F: Wie viele Schachteln werden gefüllt?
b) Samuel bekommt 4 Schachteln mit Buntstiften geschenkt. In jeder Schachtel sind 10 Buntstifte.
F: Wie viele Buntstifte hat er nun?

Beim Teilen zur Malaufgabe eilen.
15 : 5 = 3
Das Ende wird der Anfang.
3 · 5 = 15
Die Umkehr von ⊙ **ist** ⊙.

⑤ Schreibe Rechengeschichten zu 20 : 5 = ☐ und 8 · 5 = ☐.

Zusammenhang zwischen Division und Multiplikation begründen

Trick: Verwandte Aufgaben

1) Diese vier Aufgaben sind miteinander verwandt.
Woran erkennst du das?

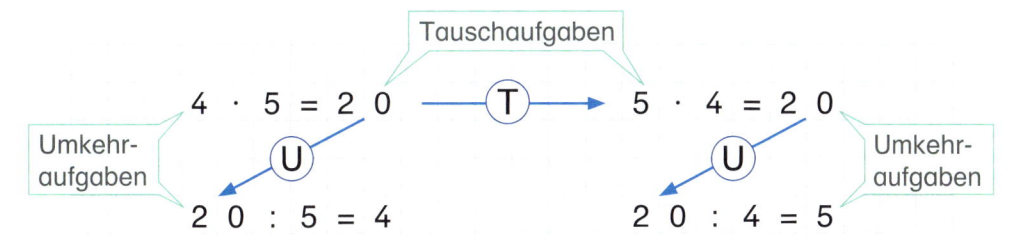

Tauschaufgaben

4 · 5 = 2 0 —T→ 5 · 4 = 2 0

Umkehraufgaben U U Umkehraufgaben

2 0 : 5 = 4   2 0 : 4 = 5

2) Schreibe jeweils die vier verwandten Aufgaben.

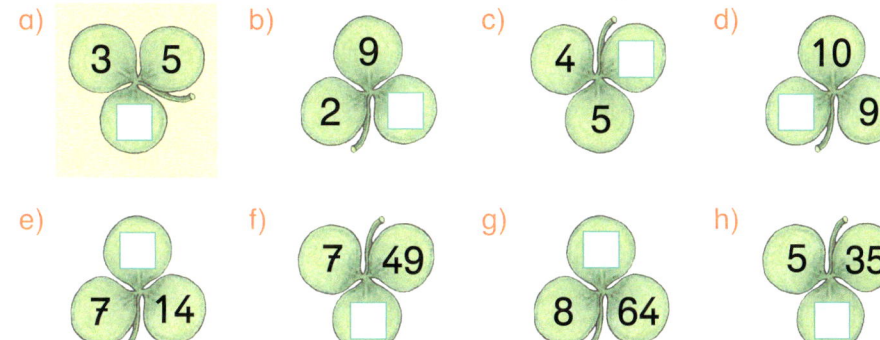

a) 3, 5, ☐   b) 9, 2, ☐   c) 4, ☐, 5   d) 10, ☐, 9

e) ☐, 7, 14   f) 7, 49, ☐   g) ☐, 8, 64   h) 5, 35, ☐

| 3 · 5 = |
| 5 · 3 = |
| ☐ : 5 = 3 |
| ☐ : 3 = 5 |

3)
a)	b)	c)	d)	e)
30 : 10	40 : 10	20 : 10	90 : 10	70 : 10
30 : 3	40 : 4	20 : 2	90 : 9	70 : 7
30 : 5	40 : 5	50 : 5	15 : 5	45 : 5
30 : 6	40 : 8	50 : 10	15 : 3	45 : 9

2, 3, 3, 4, 5, 5, 5, 5, 5, 6, 7, 8, 9, 9, 10, 10, 10, 10, 10, 10

| 3 0 : 1 0 = 3 |
| 3 0 : 3 = 1 0 |

4) Beim Teilen zur verwandten Malaufgabe eilen!
a)	b)	c)	d)	e)
35 : 7	12 : 6	40 : 8	4 : 4	90 : 9
70 : 7	60 : 6	0 : 8	20 : 4	9 : 9
14 : 7	30 : 6	16 : 8	40 : 4	81 : 9
7 : 7	36 : 6	80 : 8	16 : 4	18 : 9

0, 1, 1, 1, 2, 2, 2, 2, 4, 5, 5, 5, 5, 6, 9, 10, 10, 10, 10, 10

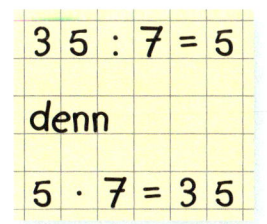

| 3 5 : 7 = 5 |
| denn |
| 5 · 7 = 3 5 |

5) a) In der Zoohandlung sind 9 Aquarien.
In jedem Aquarium schwimmen 10 Fische.
F: Wie viele Fische gibt es in der Zoohandlung?
b) Im Tierheim passen 5 Hunde in ein Freigehege.
15 Hunde kommen ins Tierheim.
F: Wie viele Freigehege werden belegt?

Verwandte Aufgaben haben die gleichen Zahlen.
4 · 5 = 20 —T→ 5 · 4 = 20
U   U
20 : 5 = 4   20 : 4 = 5

Rechenstrategien nutzen   AH Seite 40   73

Teilen mit Rest

⏱ Seite 72, Aufgabe 3   10 : 2 = ☐

1 Der Bäcker formt 32 Brezeln.
Auf jedes Blech passen 10 Brezeln.

a) Wie viele Bleche werden voll?
b) Wie viele Brezeln bleiben übrig?
c) Welche Rechnung passt genau? Erkläre.

| 30 : 10 = 3 | | 32 : 10 = 3 Rest 2 |

3 0 : 1 0 = 3
denn
3 · 1 0 = ☐
Rest
3 2 : 1 0 = 3 R ☐
denn
(3 · 1 0) + 2 = 3 2
 30

Was umkreist ist, rechnest du zuerst aus. Dann weiterrechnen!

2 Beim Teilen zur verwandten Malaufgaben eilen!

a)	b)	c)	d)	e)
30 : 10	30 : 5	45 : 5	20 : 4	18 : 9
32 : 10	31 : 5	46 : 5	21 : 4	20 : 9
31 : 10	32 : 5	48 : 5	22 : 4	24 : 9
35 : 10	34 : 5	49 : 5	23 : 4	26 : 9

3 An jeder Hand sollen genau 5 Fingerpuppen sein!
a) Für wie viele Hände reichen 17 Fingerpuppen?
b) Wie viele Fingerpuppen bleiben übrig?
Schreibe nur die richtige Rechnung auf. Erkläre.

| 17 : 5 = 2 Rest 7 | | 17 : 5 = 3 Rest 2 |

Der Rest muss kleiner sein als 5. Erkläre.

4 38 : 5 = ☐ Rest ☐   Teilen mit Rest – Schritt für Schritt.

1. Schritt: Suche die größte Zahl, die ohne Rest geteilt werden kann.
38 : 5? nein
37 : 5? nein
36 : 5? nein
35 : 5? Ja! 35 : 5 = ☐ denn ☐ · 5 = 35

2. Schritt: Mit der Plusaufgabe den Rest finden.
(7 · 5) + ☐ = 38 ⟶ 7 · 5 + 3 = 38 also ist 38 : 5 = 7 Rest 3.
 35

5) Wer rechnet falsch? Erkläre.

Samuel: 23 : 5 = 4 R 3 denn 4 · 5 + 3 = 23

Hannes: 23 : 5 = 4 + 3

Luisa: 23 : 5 = 4 R 3 denn 4 · 5 = 20; 20 + 3 = 23

6) Beim Teilen zur verwandten Malaufgabe eilen.

a)	b)	c)	d)	e)
36 : 10	8 : 5	7 : 2	65 : 8	20 : 9
43 : 10	27 : 5	13 : 2	19 : 4	43 : 8
89 : 10	48 : 5	19 : 2	40 : 6	74 : 7
97 : 10	38 : 5	15 : 2	51 : 7	39 : 7
58 : 10	18 : 5	9 : 2	11 : 3	85 : 8
14 : 10	44 : 5	3 : 2	5 : 2	15 : 7
39 : 10	13 : 5	11 : 2	85 : 9	10 : 7
21 : 10	22 : 5	5 : 2	71 : 8	50 : 9
65 : 10	34 : 5	17 : 2	89 : 9	17 : 6
72 : 10	41 : 5	21 : 2	54 : 7	16 : 9

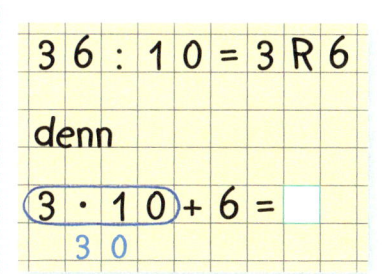

36 : 10 = 3 R 6
denn
3 · 10 + 6 =
30

7) Was geschieht mit dem Rest?

a) 17 Personen fahren mit Autos zum Picknick. In ein Auto passen höchstens 5 Personen. Wie viele Autos müssen mindestens fahren?

b) 17 Personen wollen mit 5 Autos zum Picknick fahren. Verteile sie möglichst gleichmäßig auf die Autos.

Ⓐ ☐ Personen Ⓑ ☐ Personen Ⓒ ☐ Personen
Ⓓ ☐ Personen Ⓔ ☐ Personen

Lege für jede Person eine Erbse. Dann teile auf.

8) Schreibe eine Rechengeschichte zu 24 : 5 = ☐ R ☐.

Der Division verschiedene Handlungen und Sachsituationen zuordnen

Längen vergleichen

Körpermaße

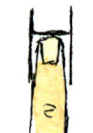

Fingerbreite

Fingerspanne

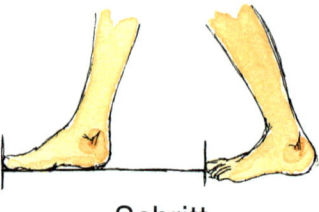

Schritt

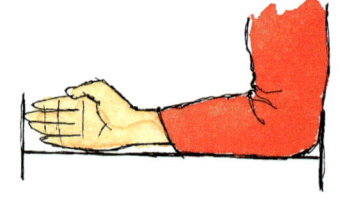

Elle

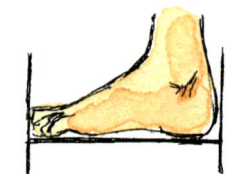

Fuß

Armspanne

① a) Immer zwei Kinder haben gleich lange Stifte.
Schreibe die Namen auf. Löse die Aufgabe **ohne** Lineal.

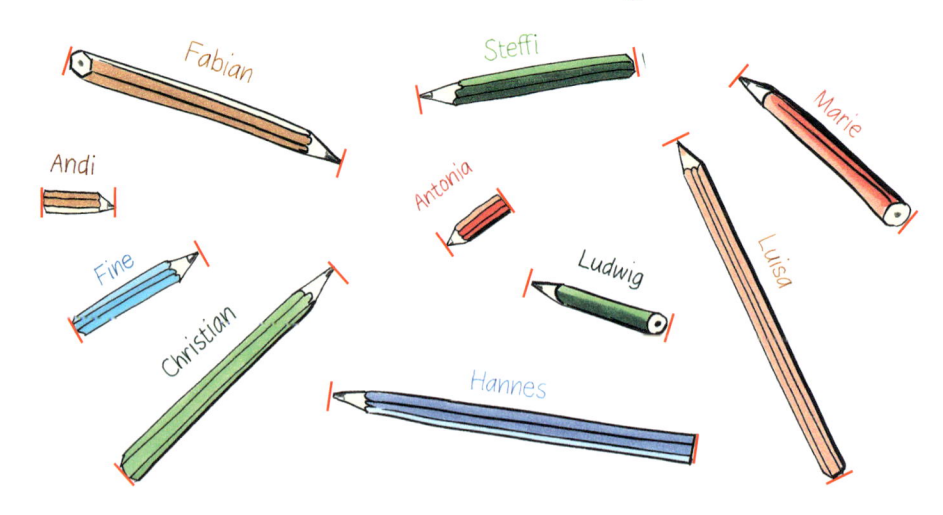

Fabian, Steffi, Marie, Andi, Antonia, Luisa, Fine, Ludwig, Christian, Hannes

b) Erkläre, was dir beim Längenvergleich geholfen hat.

② a) Was ist hier rot gekennzeichnet? Erkläre.

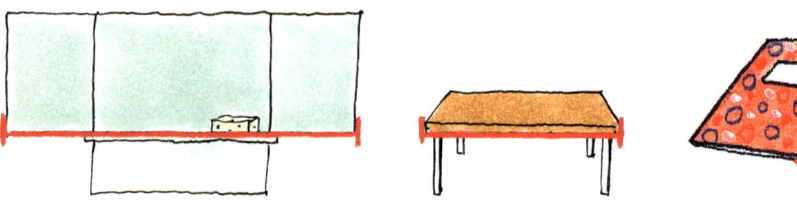

b) Suche im Klassenzimmer, was in den Bildern gekennzeichnet ist. Miss mit Körpermaßen. Schreibe zum Beispiel so:

| Fenster: | Fingerspannen | Schrank: | Fußlängen |

...

c) Vergleiche deine Messergebnisse mit den Aufzeichnungen anderer Kinder. Was fällt dir auf?

d) Welche Vorteile haben Körpermaße? Welche Nachteile haben sie?

Zentimeter

1 a) Dieser Strich ist 1 Zentimeter (1 cm) lang: ⊢—⊣
   Welche der farbigen Striche sind auch 1 cm lang?

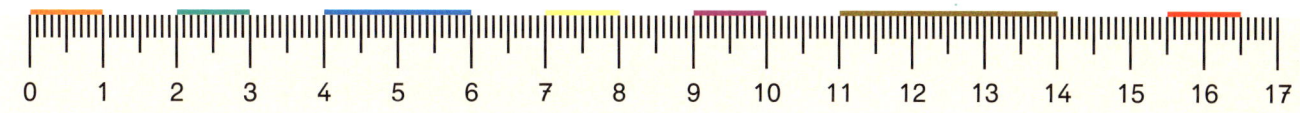

b) Wie lang sind die anderen Striche?
c) Was an deinem Körper ist ungefähr 1 cm lang oder breit?
d) Welches Körpermaß ist ungefähr 10 cm lang?

Warum muss ich beim Messen mit dem Lineal genau bei 0 beginnen?

2 Wie lang sind die Stifte auf Seite 76? Erst schätzen, dann mit dem Lineal messen. Zeichne dazu eine Tabelle.

Stift von	geschätzt	gemessen	Unterschied
Fabian	5 cm	☐ cm	☐ cm
Christian	☐ cm	☐ cm	☐ cm

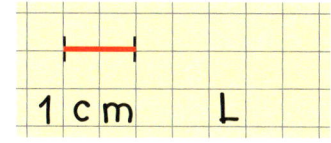

3 Wie lang sind diese Strecken? Miss die Linien genau. Zeichne sie der Größe nach in dein Heft und schreibe den Buchstaben für das Lösungswort dazu. Beginne mit der kürzesten Linie.

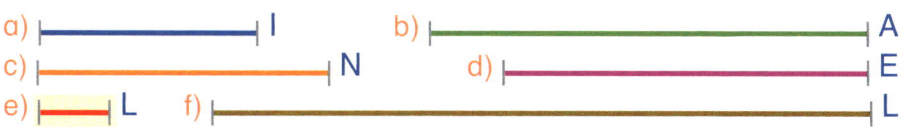

a) ⊢————⊣ I   b) ⊢——————————⊣ A
c) ⊢——————⊣ N d) ⊢—————⊣ E
e) ⊢—⊣ L   f) ⊢————————⊣ L

⊢—⊣ 1 cm   L

4 Ein Auto für Stars! Miss und zeichne es genau nach.

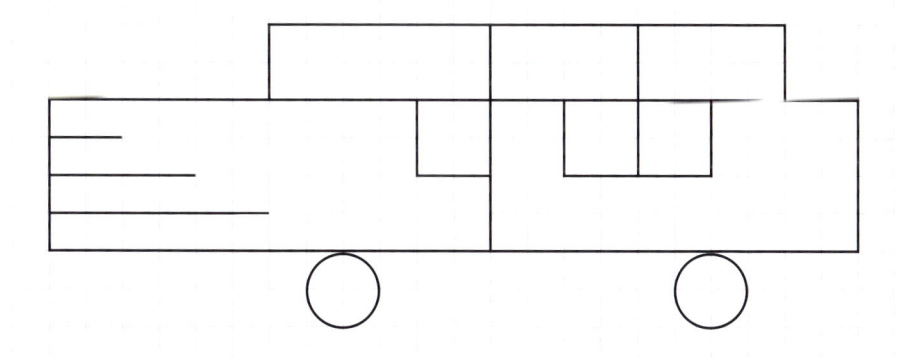

5 Aus einem Zwergentisch wird ein Riesentisch! Miss jede Linie und zeichne sie doppelt so lang in dein Heft.

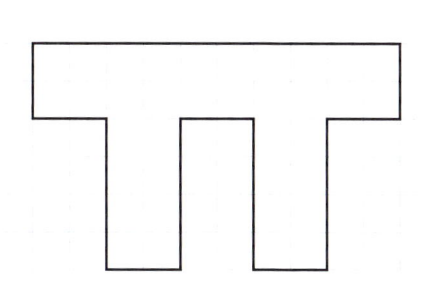

Körpermaße sind **ungefähre** Maße.

ungefähr 1 cm

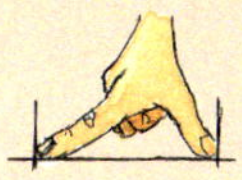

ungefähr 10 cm

Das Lineal ist ein **genaues** Maß.

Längen mit Messgeräten messen und mit standardisierten Maßeinheiten angeben

Messen mit dem Lineal

1 Käferkrabbelei! Wie viele Zentimeter müssen die einzelnen Käfer bis zu ihrem Futter krabbeln?
Schätze, dann miss und rechne.

Marienkäfer: 3 cm + 2 cm + ☐ cm + ...

- Marienkäfer
- Hirschkäfer
- Maikäfer
- Kartoffelkäfer

2 A   B

Fläche ←Seite→ Fläche

Seite 136 hilft dir.

a) Wie heißen diese Flächenformen? Zeichne sie genau ab.
b) An jeder Flächenform sitzt ein Tier. Es läuft an den Seiten einmal um seine Fläche herum. Wie viele Zentimeter läuft die Ameise, wie viele cm läuft die Raupe?

3 Zeichne.
a) 6 Quadrate: Seitenlängen   4 cm 6 cm 1 cm 2 cm 5 cm 3 cm

b) 6 Rechtecke: Seitenlängen   4 cm/3 cm 3 cm/6 cm 5 cm/1 cm
                               1 cm/4 cm 2 cm/3 cm 5 cm/4 cm

78   AH Seite 42   Längen mit Messgeräten messen und mit standardisierten Maßeinheiten angeben

Messen mit dem Metermaß

Wie viele Zentimeter hat 1 Meter?

Zentimeter kommt von centum. Das ist das lateinische Wort für 100.

① Nimm ein 1 m langes Tafellineal, so wie du es im Bild siehst. Wie kannst du dir den Meter an deinem Körper merken?

② Schneide ein Stück Schnur so ab, dass es genau 1 Meter (1 m) lang ist. Das Tafellineal hilft dir.
  a) Was in deinem Klassenzimmer ist ungefähr 1 m lang oder breit?
  b) Legt mit euren Schnüren 2 m, 4 m, 5 m, 10 m, 20 m. Wer braucht wie viele Schritte für diese Längen? Vergleicht.
  c) Was ist bei dir Zuhause ungefähr 1 Meter lang oder breit? Miss mit deiner Schnur und schreibe auf.

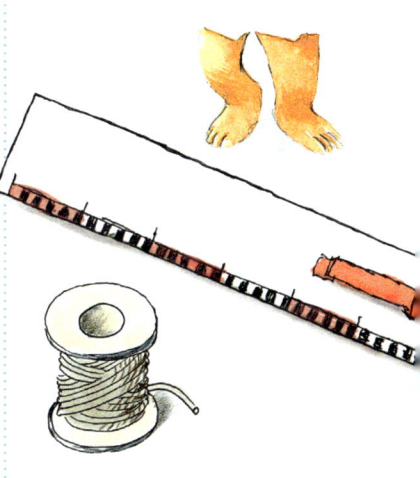

③ Ordne jeder Länge die passende Abbildung zu.

| 100 m | 50 m | 10 m | 5 m | 2 m | 1 m |

kleiner Lieferwagen
Haus 
großes Schwimmbecken 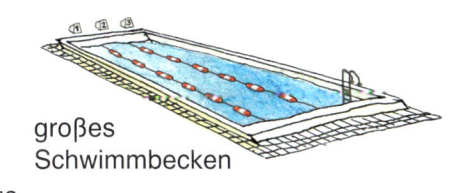
Türbreite
Fußballfeld 
Türhöhe 

④ Schreibe zu jedem Ergebnis einen Gegenstand mit dem passenden Maß.
  a) 5 · 20 cm = ☐ cm = 1 m
  b) 10 · 5 m = ☐ m
  c) 2 · 2 m = ☐ m
  d) 80 m + 20 m = ☐ m
  e) 4 · 5 m = ☐ m
  f) 5 · 6 cm = ☐ cm
  g) 80 cm − 30 cm = ☐ cm
  h) 50 cm : 5 = ☐ cm

1 m = 100 cm
1 Meter hat 100 Zentimeter.

Längen mit Messgeräten messen und mit standardisierten Maßeinheiten angeben

Meter und Zentimeter

1 Wie messen die Kinder die Körpergröße? Erkläre.
Messt ebenso, wie lang ihr seid.

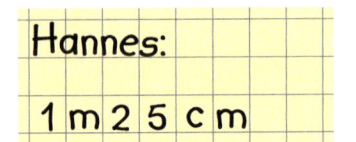

Hannes:
1 m 25 cm

Hannes ist 25 cm größer als das Tafellineal.

2 Ordne der Größe nach. Beginne mit dem kleinsten Kind.

Ich bin 98 cm groß, kleiner als Steffi. — Resul

Ich bin 1 m 40 cm groß. — Christian

Ich bin genau 1 m groß, größer als Resul. — Samuel

Ich bin 1 m 25 cm groß, so groß wie Hannes. — Steffi

3 a) Miss in deiner Klasse, was hier rot gekennzeichnet ist.

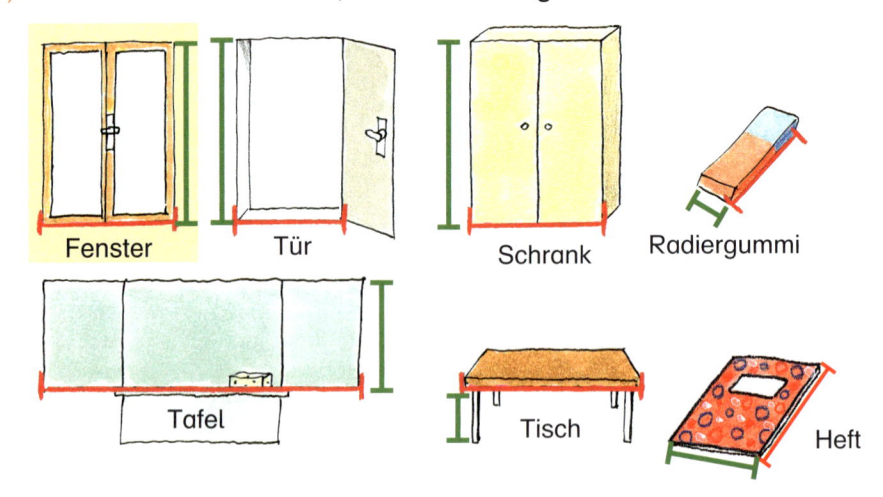

Fenster — Tür — Schrank — Radiergummi

Tafel — Tisch — Heft

Fenster:
_ m _ cm

genau messen:

ungefähr messen:
1 cm — 10 cm — 1 m

b) Keine Messgeräte! Schätze in deiner Klasse, was im Bild grün gekennzeichnet ist.
c) Miss nun mit Messgeräten in deiner Klasse, was im Bild grün gekennzeichnet ist. Vergleiche mit deinen Schätzungen.
d) Welche Vor- und Nachteile haben Messgeräte und Körpermaße?

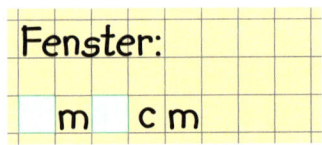

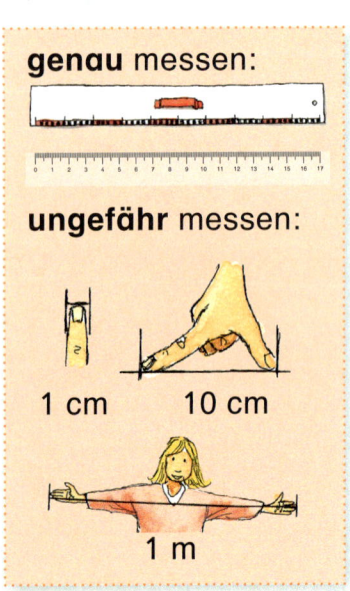

Längen mit Messgeräten messen und ordnen; Längen schätzen

Das kann ich schon 4

1 Entdecke die Fehler. Schreibe alle Rechnungen richtig auf.

4 · 3 = 7   4 + 6 = 10   5 − 3 = 8   6 · 4 = 10

Bearbeite immer eine Aufgabe. Wie konntest du sie lösen? Male passend dazu: ☺ ☻ ☹

2 Für wie viele Bilder reichen die Magnete? Rechne.

a) ☐ : ☐ = ☐

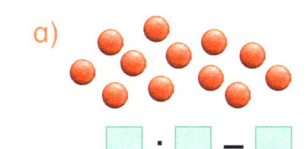

b) ☐ : ☐ = ☐

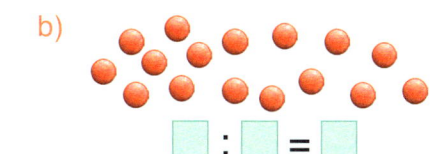

3 Christian hat 20 Bausteine. Er baut Türme. Jeder Turm besteht aus 5 Bausteinen. Welche Rechnungen passen?

20 − 5 = ☐   20 : 5 = ☐   ☐ · 5 = 20

4
a) 16 : 2 = ☐
   12 : 2 = ☐

b) 4 : 1 = ☐
   40 : 10 = ☐

c) 45 : 5 = ☐
   15 : 5 = ☐

d) 49 : 7 = ☐
   36 : 6 = ☐

5 Der Bäcker formt 24 Brezeln. Auf jedes Blech passen 10 Brezeln. Wie viele Bleche werden voll? Wie viele Brezeln bleiben übrig? Welche Rechnungen passen genau?

24 : 10 = 2 R 4   24 : 10 = 2 R 14   (2 · 10) + 4 = 24

6 a) 23 : 5 = ☐ R ☐   b) 28 : 10 = ☐ R ☐

7 Miss mit deinem Lineal. ☐ cm

8 Ergänze. 1 m = ☐ cm

9 Schreibe zu jedem Bild die passende Länge: 1 m, 1 cm, 10 m

a)   b)   c)

Alles fertig? Überprüfe mit Seite 82.

10 In der Turnhalle bauen 21 Kinder 5 Stationen auf. An jeder Station sollen ungefähr gleich viele Kinder turnen.
F: Wie viele Kinder könnten an den Stationen sein?

1. Station: ☐ Kinder
2. Station: ☐ Kinder
3. Station: ☐ Kinder
4. Station: ☐ Kinder
5. Station: ☐ Kinder

AH Seite 44

Überprüfen und üben 4

→ S. 69/1

1 Entdecke die Fehler. Schreibe alle Rechnungen richtig auf.

~~4 · 3 = 7~~   4 + 6 = 10 ✓   ~~5 − 3 = 8~~   ~~6 · 4 = 10~~
4 · 3 = 12   5 − 3 = 2   6 · 4 = 24

2 Für wie viele Bilder reichen die Magnete? Rechne.

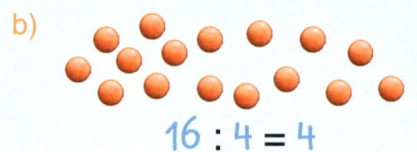

a) 12 : 4 = 3

b) 16 : 4 = 4

→ S. 70/1

3 Christian hat 20 Bausteine. Er baut Türme. Jeder Turm besteht aus 5 Bausteinen. Welche Rechnungen passen?

~~20 − 5 =~~ ☐   20 : 5 = 4   (4 · 5 = 20)

→ S. 72/2

4
a) 16 : 2 = 8
   12 : 2 = 6

b) 4 : 1 = 4
   40 : 10 = 4

c) 45 : 5 = 9
   15 : 5 = 3

d) 49 : 7 = 7
   36 : 6 = 6

→ S. 72/3

5 Der Bäcker formt 24 Brezeln. Auf jedes Blech passen 10 Brezeln. Wie viele Bleche werden voll? Wie viele Brezeln bleiben übrig? Welche Rechnungen passen genau?

24 : 10 = 2 R 4 ✓   ~~24 : 10 = 2 R 14~~   (2 · 10) + 4 = 24 ✓

→ S. 74/1

→ S. 75/6

6 a) 23 : 5 = 4 R 3   b) 28 : 10 = 2 R 8

→ S. 77/3

7 Miss mit deinem Lineal.   **8** Ergänze.

6 cm   1 m = 100 cm

→ S. 79/4

9 Schreibe zu jedem Bild die passende Länge: 1 m, 1 cm, 10 m

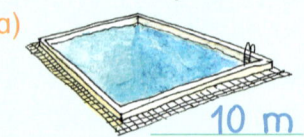

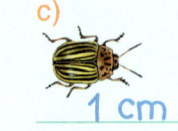

a) 10 m   b) 1 m   c) 1 cm

→ S. 79/3

10 In der Turnhalle bauen 21 Kinder 5 Stationen auf. An jeder Station sollen ungefähr gleich viele Kinder turnen.
F: Wie viele Kinder könnten an den Stationen sein?

1. Station:	2. Station:	3. Station:	4. Station:	5. Station:
4 Kinder	4 Kinder	4 Kinder	4 Kinder	5 Kinder

→ S. 71/3

Trick: ·9 ist fast ·10

Seite 63, Aufgabe 2   Einmaleins mit ·1 und ·10

1 Welche Rechnungen (3) passen zu diesem Bild?

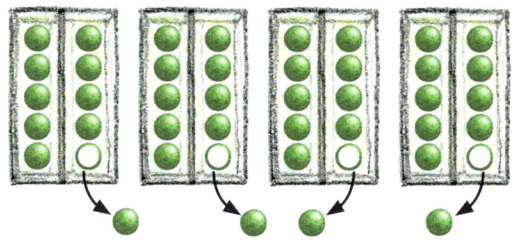

4 · 10 − 4 = 36
28 + 8 = 36
40 − 4 = 36
4 · 9 = 36

Rechnen mit der 10, sehr bequem!

2 Lege und rechne wie in Aufgabe 1.

a)	b)	c)	d)	e)
4 · 10	3 · 10	5 · 10	7 · 10	1 · 10
4 · 9	3 · 9	5 · 9	7 · 9	1 · 9

f)	g)	h)	i)	j)
8 · 10	2 · 10	6 · 10	9 · 10	10 · 10
8 · 9	2 · 9	6 · 9	9 · 9	10 · 9

3 Manchmal hilft die Tauschaufgabe.

a)	b)	c)	d)	e)
6 · 9	8 · 9	3 · 9	4 · 9	2 · 9
5 · 9	1 · 9	9 · 9	7 · 9	10 · 9
9 · 6	9 · 8	9 · 3	9 · 4	9 · 2
9 · 5	9 · 1	9 · 0	9 · 7	9 · 10

4

a)	b)	c)	d)	e)
3 · 2	2 · 9	0 · 9	6 · 6	6 · 2
7 · 7	5 · 8	7 · 2	8 · 2	3 · 5
5 · 9	7 · 5	9 · 5	10 · 4	2 · 3
6 · 5	8 · 5	9 · 9	9 · 2	10 · 9

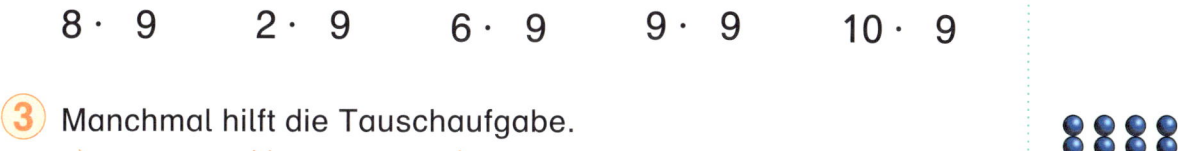

5 Beim Teilen zur Malaufgabe eilen.

| 1 8 : 9 = 2   denn   2 · 9 = 1 8 |

a)	b)	c)	d)	e)
18 : 9	18 : 2	40 : 5	12 : 2	10 : 1
90 : 9	90 : 10	20 : 2	10 : 5	16 : 2
45 : 9	45 : 5	10 : 10	5 : 1	14 : 2
9 : 9	81 : 9	20 : 5	10 : 2	25 : 5

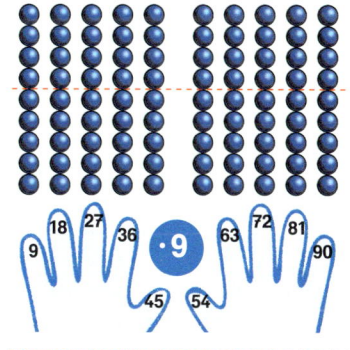

Das Einmaleins mit 10 macht **Malnehmen mit 9** bequem.

1 · 9 = 10 − 1
2 · 9 = 20 − 2
3 · 9 = 30 − 3
4 · 9 = 40 − 4
5 · 9 = 50 − 5
6 · 9 = 60 − 6
7 · 9 = 70 − 7
8 · 9 = 80 − 8
9 · 9 = 90 − 9
10 · 9 = 100 − 10

9, 18, 27, 36, 45, 54, 63, 72, 81, 90

Kernaufgaben des Einmaleins zur Lösung weiterer Aufgaben nutzen

Der 5-Minuten-Trick!

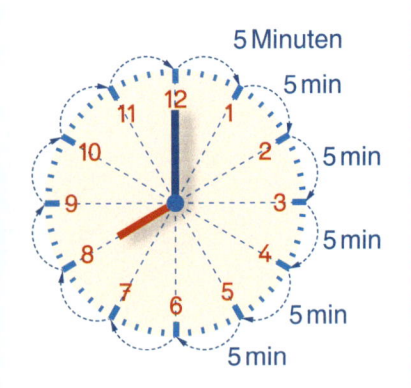

⏱ Seite 64, Aufgaben 2, 3   Einmaleins mit ·5

1 Ergänze passend: 5, 60, Minute, Minuten

Der große Zeiger rückt in einer ☐ zum nächsten Strich. Deshalb heißt er ☐ zeiger. Eine Uhr hat ☐ Minutenstriche. Man zählt sie oft im ☐ Minutenschritt.

2 Wie viele Minuten nach 9 Uhr ist es? Rechne und schreibe.

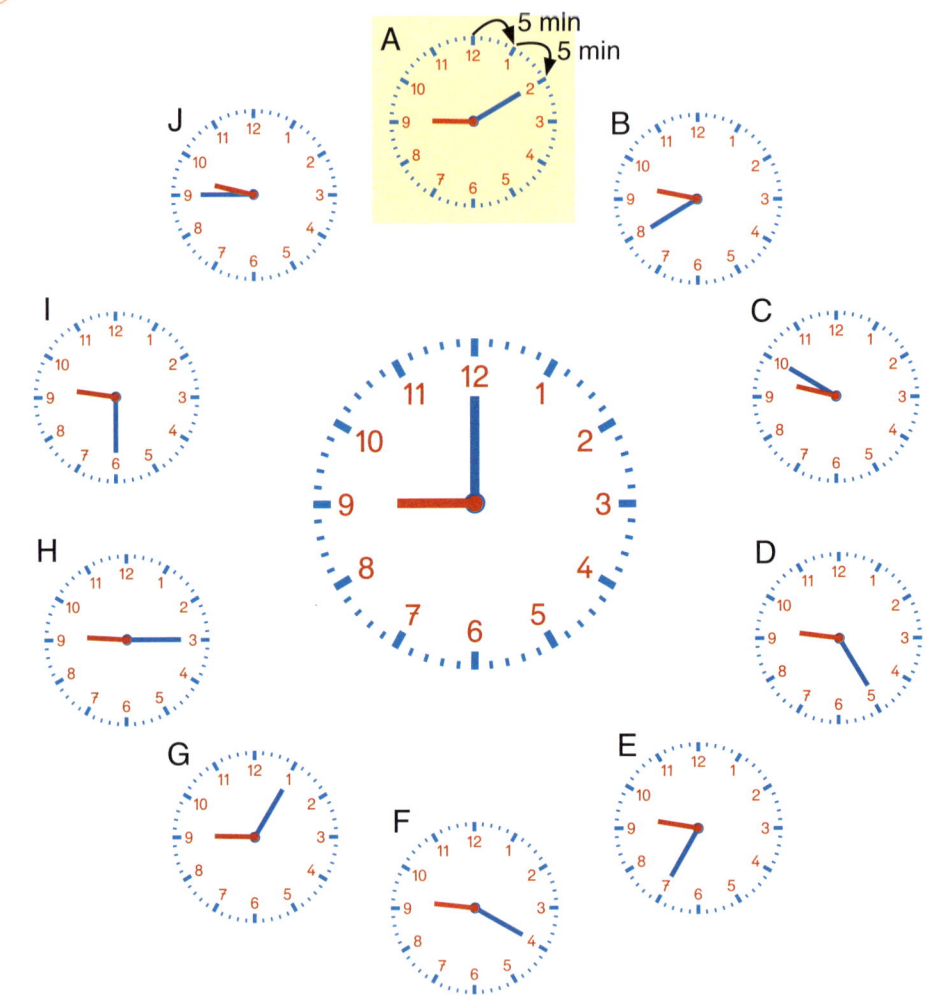

```
5 + 5 = 10
2 · 5 = 10
10 Minuten
nach 9
```

Weißt du, wie viele Minuten seit der vollen Stunde vergangen sind? Stundenzahl ·5, so geht's geschwind.

3 5 Minuten später! Verändere alle Uhrzeiten in Aufgabe 2. Schreibe die neue Uhrzeit.

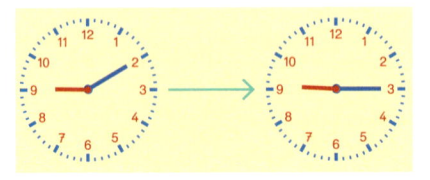

```
10 Minuten nach 9
15 Minuten nach 9
```

4 Mache das Folgende jeweils 5 Minuten lang.
a) Mein Mathebuch Seite 64 rechnen   b) einen Bären malen

Welche 5 Minuten vergingen für dich schneller? Warum?

1 Stunde hat **60 Minuten**.

Uhrzeiten ablesen; Zeitspannen bestimmen

Wie viel Uhr ist es?

1 Ordne. Beginne mit der kürzesten Zeitspanne.

1 Stunde (h)   1 Minute (min)   1 Sekunde

1 Tag   1 Woche   1 Jahr

2 Ergänze passend: Minuten, Stunden

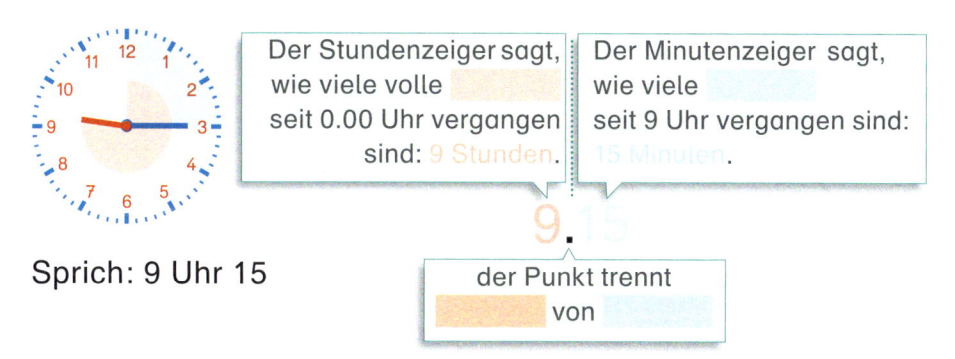

Der Stundenzeiger sagt, wie viele volle _____ seit 0.00 Uhr vergangen sind: 9 Stunden.

Der Minutenzeiger sagt, wie viele _____ seit 9 Uhr vergangen sind: 15 Minuten.

Sprich: 9 Uhr 15

9.15

der Punkt trennt _____ von _____

Hu-hu!

0.00 Uhr
Mitternacht
24.00 Uhr

9 Stunden,
15 Minuten
also:
9.15 Uhr

3 Wie viel Uhr ist es? Überlege jeweils in 3 Schritten:
1. Schritt: Wie viele volle Stunden sind seit 0.00 Uhr vergangen?
2. Schritt: Wie viele Minuten sind vergangen?
3. Schritt: Die Uhrzeit schreiben.

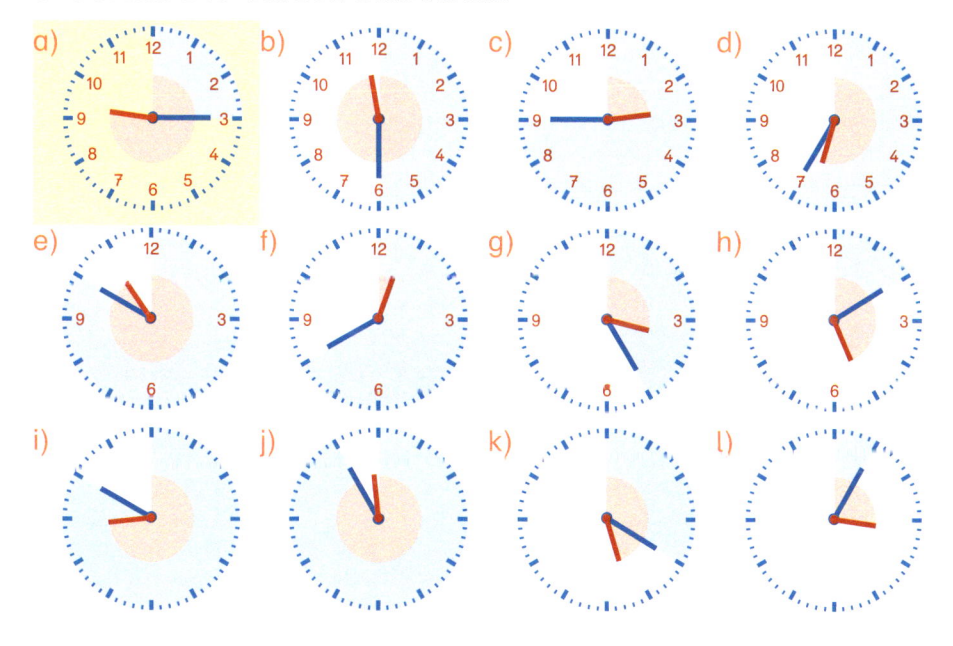

a) b) c) d)
e) f) g) h)
i) j) k) l)

4 Stelle die Uhrzeiten auf deiner Lernuhr ein.

Bibukanal
9.15   Kochen mit Bibu
9.55   Fünf vor Zehn!
10.00 Gute Freunde
10.50 Was ist los in Mathehausen?
11.00 Ferne Länder
11.45 Lern mit mir!
12.00 Intensivkurs Mathe
12.25 Spiel mit mir!

1 Stunde = 1 h

h kommt von hora. Das ist lateinisch und heißt **Stunde**.

Uhrzeiten ablesen; Zeitspannen ordnen

Wie die Zeit vergeht!

① Berechne jeweils die Uhrzeit in der 2. Tageshälfte (12 Stunden später!).

	a) 3.00 Uhr	b) 8.00 Uhr	c) 1.00 Uhr	d) 11.00 Uhr
	6.00 Uhr	2.00 Uhr	9.00 Uhr	5.00 Uhr
	10.00 Uhr	12.00 Uhr	4.00 Uhr	7.00 Uhr

```
3.00 Uhr
  ↓ +12h
15.00 Uhr
```

② Betrachte die Uhren auf Seite 85 in Aufgabe 3.
Berechne jeweils die Uhrzeit der 2. Tageshälfte.

③ Berechne die Uhrzeit der 1. Tageshälfte.
Stelle dann die Uhrzeit auf deiner Lernuhr ein.

a)	b)	c)	d)	e)
13.30 Uhr	16.15 Uhr	17.45 Uhr	18.05 Uhr	20.35 Uhr
14.10 Uhr	19.20 Uhr	21.25 Uhr	15.40 Uhr	23.55 Uhr
12.50 Uhr	17.05 Uhr	20.20 Uhr	19.35 Uhr	21.45 Uhr

```
13.30 Uhr
  ↓ −12h
 1.30 Uhr
```

④ Wie viele Minuten vergehen?
a) b) c) d) e)

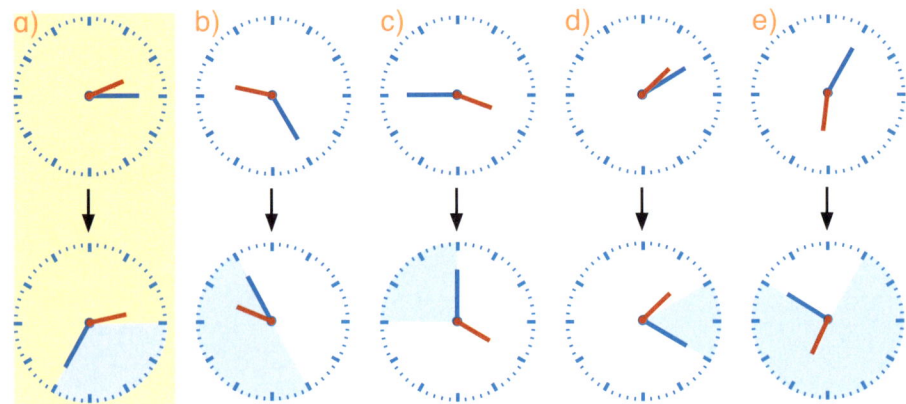

```
2.15 Uhr
  ↓ +20min
2.35 Uhr
```

⑤ a) Wie lange dauern die Fernsehsendungen von Seite 85, Aufgabe 4? Deine Lernuhr hilft dir.
b) Bibu will nicht länger als 30 Minuten fernsehen. Überprüfe die Sendungen und ordne so: … dauert länger als 30 Minuten.
oder: … dauert kürzer als 30 Minuten.
c) Wie lange darfst du fernsehen?

⑥ Betrachte die Uhrzeiten in Aufgabe 4.
Wie viel Uhr ist es 3 Stunden später?

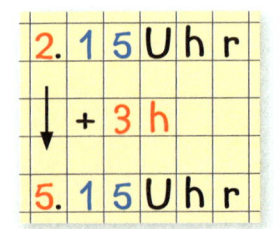

```
2.15 Uhr
  ↓ +3h
5.15 Uhr
```

1 Stunde hat 60 Minuten.
1 h = 60 min

⑦ Wie viel Zeit vergeht?
a) 13.15 Uhr − 16.15 Uhr
b) 14.20 Uhr − 16.20 Uhr
c) 16.05 Uhr − 18.05 Uhr
d) 12.45 Uhr − 13.00 Uhr
e) 15.30 Uhr − 16.00 Uhr
f) 14.35 Uhr − 15.00 Uhr

Bibus Reise mit dem Bus

⏱ Seite 86, Aufgabe 4   Wie viele Minuten vergehen?

Fahrplan Bibuhöhle → Schule

6.50	Bibuhöhle
7.00	Fuchsbau
7.12	Hasenfeld
7.25	Ententeich
7.38	Hamsterhöhle
7.56	Igelhecke
8.00	Schule

1 a) Was erfährst du aus den Fahrplänen?
b) Wie lange fährt der Bus?

Bibuhöhle ⟶ Fuchsbau

6.50 Uhr Bibuhöhle
↓ + 10 min
7.00 Uhr Fuchsbau
Fahrzeit: 10 min

Fuchsbau ⟶ Hasenfeld
Hasenfeld ⟶ Ententeich
Ententeich ⟶ Hamsterhöhle
Hamsterhöhle ⟶ Igelhecke
Igelhecke ⟶ Schule

c) Wie lange fährt der Bus insgesamt von der Bibuhöhle bis zur Schule?

Fahrplan Schule → Bibuhöhle

13.15	Schule
13.19	Igelhecke
13.37	Hamsterhöhle
13.50	Ententeich
14.00	Hasenfeld
14.15	Fuchsbau
14.30	Bibuhöhle

2 Auf dem Rückweg!
Wie lange fährt der Bus jeweils?
Rechne wie in Aufgabe 1.

3 Vergleiche Hin- und Rückfahrt.
Was fällt dir auf?

4 Wie lange müssen die Kinder jeweils noch warten?

	JETZT	ABFAHRT
Luisa	13.00 →	18.00
Hannes	14.00 →	14.40
Marie	15.20 →	15.45
Erkan	16.35 →	16.55
Lukas	17.15 →	17.50

	JETZT	ABFAHRT
Armin	14.45 →	15.00
Leila	15.40 →	17.40
Sara	13.25 →	14.00
Moritz	15.35 →	16.35
Samuel	16.55 →	17.00

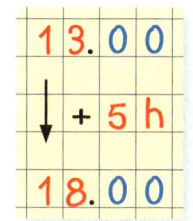

13.00
↓ + 5 h
18.00

5 Wie lange dauert das bei dir heute?
a) Zeit bis Unterrichtsende
b) Heimweg
c) Hausaufgaben
d) Spielzeit

Verdoppeln und Halbieren

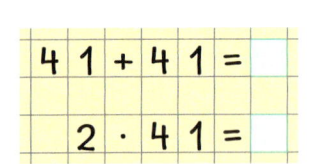

⏱ Seite 8, Aufgabe 6   Verdoppeln

① Verdoppeln heißt: Das Gleiche noch einmal.
a) 41, 33, 14, 21, 24, 31, 42, 13, 50, 44, 23, 32
26, 28, 42, 46, 48, 62, 64, 66, 82, 84, 88, 100
b) 19, 36, 27, 48, 16, 45, 39, 18, 46, 37, 29, 35
32, 36, 38, 54, 58, 70, 72, 74, 78, 90, 92, 96

4	1	+	4	1	=	
	2	·	4	1	=	

② Wie können die Zwillinge gerecht teilen? Jeder soll die Hälfte bekommen.

③ Lege und halbiere.
a) 40, 100, 80, 60, 20 
b) 30, 50, 70, 90, 10
c) 28, 42, 64, 68, 86 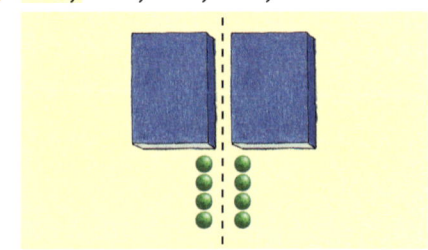
d) 36, 52, 16, 78, 98

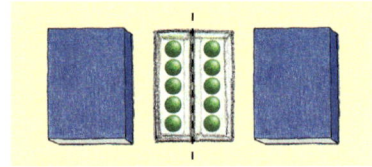

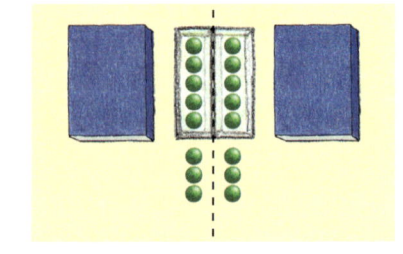

4	0	=	2	0	+	
3	0	=	1	5	+	

2	8	=		+	
3	6	=		+	

④ Zahlen, die du halbieren kannst, sind gerade Zahlen.
Ordne: gerade Zahlen (7) und ungerade Zahlen (7).
25, 26, 46, 47, 81, 82, 92, 93, 31, 38, 69, 64, 76, 79

⑤ Schreibe aus der Hundertertafel von Seite 25 alle geraden Zahlen auf. Was fällt dir auf? Warum ist das so?

Verdoppeln heißt, das Gleiche noch einmal.
Halbieren heißt, in zwei gleiche Teile zerlegen.

Beziehungen zwischen Zahlen begründen

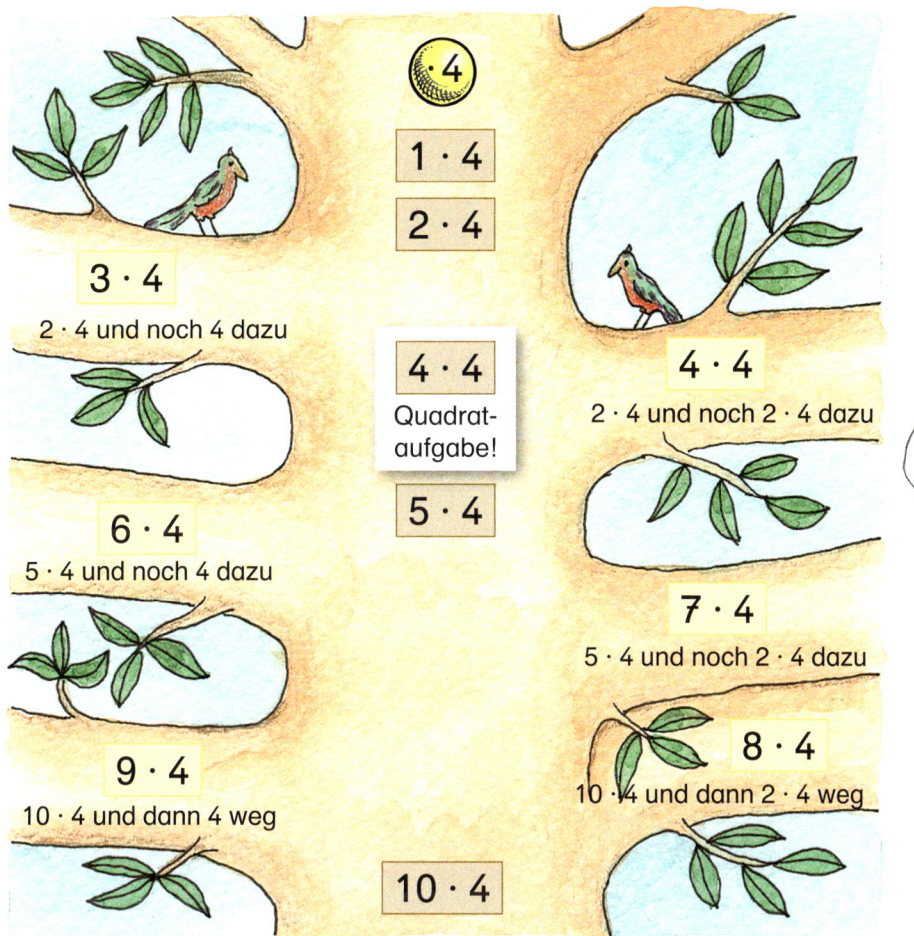

Das Einmaleins mit ·4

1 · 4
2 · 4
3 · 4 — 2 · 4 und noch 4 dazu
4 · 4 Quadrataufgabe!
4 · 4 — 2 · 4 und noch 2 · 4 dazu
5 · 4
6 · 4 — 5 · 4 und noch 4 dazu
7 · 4 — 5 · 4 und noch 2 · 4 dazu
8 · 4 — 10 · 4 und dann 2 · 4 weg
9 · 4 — 10 · 4 und dann 4 weg
10 · 4

Aus den Kernaufgaben erwächst das ganze Einmaleins.

1 Aus den **Kernaufgaben** erwächst das Einmaleins mit ·4.
Schreibe und male zum Einmaleinsbaum alle ·4 Aufgaben.
Überprüfe mit dem Fingereinmaleins.

2 9, 8, 5, 6, 4, 7 Rechne jede Zahl …

a) · 2   b) · 4   c) · 5   d) · 9   e) · 10

| 9 · 2 = | 8 · 2 = | 5 · 2 = |
| 6 · 2 = | 4 · 2 = | 7 · 2 = |

3 Beim Teilen zur Malaufgabe eilen.

a)	b)	c)	d)	e)
20 : 4	0 : 4	4 : 4	20 : 5	25 : 5
20 : 2	0 : 2	4 : 2	20 : 10	64 : 8
16 : 4	8 : 4	40 : 4	10 : 1	36 : 6
16 : 2	8 : 2	2 : 2	10 : 10	49 : 7

0, 0, 1, 1, 1, 2, 2, 2, 4, 4, 4, 5, 5, 6, 7, 8, 8, 10, 10, 10

20 : 4 =
denn
    · = 2 0

Kernaufgaben des Einmaleins zur Lösung weiterer Aufgaben nutzen

Das Einmaleins mit ·8

Das Fingereinmaleins hilft dir.

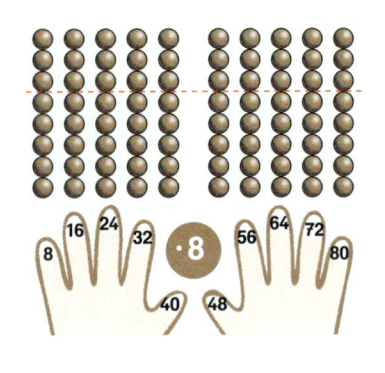

Einmaleinsbaum:
- 1·8
- 2·8
- 3·8 — 2·8 und noch 8 dazu
- 4·8 — 2·8 und noch 2·8 dazu
- 5·8
- 6·8 — 5·8 und noch 8 dazu
- 7·8 — 5·8 und noch 2·8 dazu
- 8·8 Quadrataufgabe!
- 8·8 — 10·8 und dann 2·8 weg
- 9·8 — 10·8 und dann 8 weg
- 10·8

① Schreibe und male zum Einmaleinsbaum alle ·8 Aufgaben. Überprüfe mit dem Fingereinmaleins.

② 5, 9, 2, 6, 3, 7 Rechne jede Zahl …

a) ·2   b) ·4   c) ·5   d) ·8   e) ·10

5·2 =
9·2 =
…

③ Beim Teilen zur Malaufgabe eilen.

a)	b)	c)	d)	e)
16 : 8	8 : 8	0 : 8	10 : 2	49 : 7
16 : 4	8 : 4	0 : 4	30 : 3	9 : 3
40 : 8	80 : 8	4 : 4	15 : 3	25 : 5
40 : 4	64 : 8	20 : 4	18 : 9	81 : 9

0, 0, 1, 1, 2, 2, 2, 3, 4, 5, 5, 5, 5, 5, 7, 8, 9, 10, 10, 10

16 : 8 =
denn
 · = 16

18 : 8 = ☐ R
denn
2 · 8 + 2 = 18
16

④
a)
16 : 8 = ☐
18 : 8 = ☐ R ☐
20 : 8 = ☐ R ☐
22 : 8 = ☐ R ☐

b)
80 : 8 = ☐
84 : 8 = ☐ R ☐
85 : 8 = ☐ R ☐
86 : 8 = ☐ R ☐

c)
40 : 8 = ☐
43 : 8 = ☐ R ☐
45 : 8 = ☐ R ☐
46 : 8 = ☐ R ☐

Das Einmaleins mit ·3

Einmaleinsbaum:
- 1 · 3
- 2 · 3
- 3 · 3 — Quadrataufgabe!
- 4 · 3 — 2 · 3 und noch 2 · 3 dazu
- 5 · 3
- 6 · 3 — 5 · 3 und noch 3 dazu (auch: 3 · 3 und noch 3 dazu → 2 · 3 und noch 3 dazu)
- 7 · 3 — 5 · 3 und noch 2 · 3 dazu
- 8 · 3 — 10 · 3 und dann 2 · 3 weg
- 9 · 3 — 10 · 3 und dann 3 weg
- 10 · 3

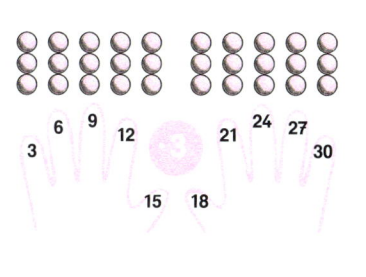

Fingereinmaleins: 3, 6, 9, 12, 15, 18, 21, 24, 27, 30

Aus den Kernaufgaben erwächst das Einmaleins mit ·3.

① Schreibe und male zum Einmaleinsbaum alle ·3 Aufgaben. Das Fingereinmaleins hilft dir.

② Rechne auch die Tauschaufgabe.

a)	b)	c)	d)	e)
2 · 3	0 · 3	4 · 3	7 · 3	1 · 3
10 · 3	8 · 3	6 · 3	9 · 3	5 · 3

2 · 3 =
3 · 2 =

③ Schöne Türme! Was fällt dir auf?

a)	b)	c)	d)	e)
1 · 3	1 · 4	1 · 5	1 · 2	1 · 9
2 · 3	2 · 4	2 · 5	2 · 2	2 · 9
4 · 3	4 · 4	4 · 5	4 · 2	4 · 9
8 · 3	8 · 4	8 · 5	8 · 2	8 · 9

④ Beim Teilen zur Malaufgabe eilen.

a)	b)	c)	d)	e)
15 : 3	3 : 1	64 : 8	12 : 6	36 : 6
30 : 3	30 : 10	6 : 3	45 : 9	4 : 2
9 : 3	50 : 5	50 : 10	14 : 7	16 : 4

2, 2, 2, 2, 3, 3, 3, 4, 5, 5, 5, 6, 8, 10, 10

15 : 3 =
denn
5 · 3 = 15

Kernaufgaben des Einmaleins zur Lösung weiterer Aufgaben nutzen

Das Einmaleins mit ·6

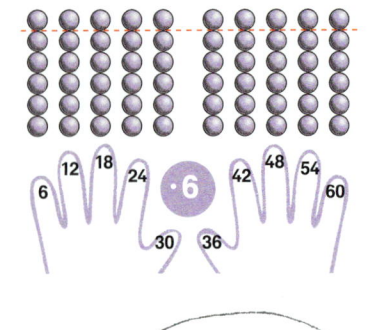

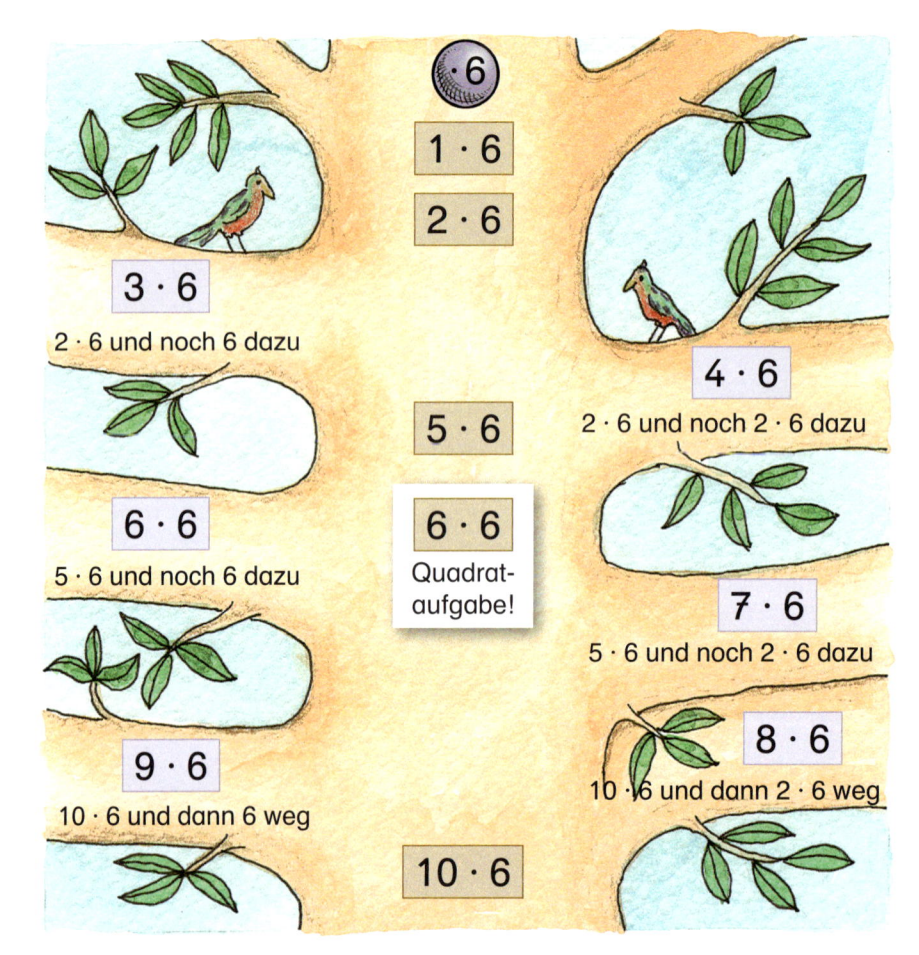

Das Fingereinmaleins hilft dir.

1 · 6
2 · 6
3 · 6 — 2 · 6 und noch 6 dazu
4 · 6 — 2 · 6 und noch 2 · 6 dazu
5 · 6
6 · 6 Quadrataufgabe!
7 · 6 — 5 · 6 und noch 2 · 6 dazu
6 · 6 — 5 · 6 und noch 6 dazu
8 · 6 — 10 · 6 und dann 2 · 6 weg
9 · 6 — 10 · 6 und dann 6 weg
10 · 6

9 · 3 =
8 · 3 =

① Schreibe und male zum Einmaleinsbaum alle ·6 Aufgaben. Überprüfe mit dem Fingereinmaleins.

② 9, 8, 5, 6, 4, 7 Rechne jede Zahl …
a) · 3   b) · 5   c) · 6   d) · 9   e) · 10

30 : 6 =
denn
___ · ___ = 30

③ Beim Teilen zur Malaufgabe eilen.

a)	b)	c)	d)	e)
30 : 6	6 : 6	36 : 6	18 : 9	81 : 9
30 : 3	6 : 3	9 : 3	4 : 4	16 : 4
0 : 6	12 : 6	3 : 3	40 : 8	49 : 7
0 : 3	60 : 6	15 : 3	50 : 5	25 : 5

0, 0, 1, 1, 1, 2, 2, 2, 3, 4, 5, 5, 5, 5, 6, 7, 9, 10, 10, 10

14 : 6 = ___ R ___
denn
②· ⑥ + 2 = 14
  12

④
a)
12 : 6 = ☐
14 : 6 = ☐ R ☐
16 : 6 = ☐ R ☐
17 : 6 = ☐ R ☐

b)
36 : 6 = ☐
37 : 6 = ☐ R ☐
39 : 6 = ☐ R ☐
40 : 6 = ☐ R ☐

c)
30 : 6 = ☐
32 : 6 = ☐ R ☐
33 : 6 = ☐ R ☐
35 : 6 = ☐ R ☐

Kernaufgaben des Einmaleins zur Lösung weiterer Aufgaben nutzen

Das Einmaleins mit ·7

1 · 7
2 · 7
3 · 7 — 2 · 7 und noch 7 dazu
4 · 7 — 2 · 7 und noch 2 · 7 dazu
5 · 7
6 · 7 — 5 · 7 und noch 7 dazu
7 · 7 — Quadrataufgabe!
7 · 7 — 5 · 7 und noch 2 · 7 dazu
8 · 7 — 10 · 7 und dann 2 · 7 weg
9 · 7 — 10 · 7 und dann 7 weg
10 · 7

7   14   21   28   ·7   49   56   63   70
            35   42

Nun kenne ich das ganze Einmaleins!

① Schreibe und male zum Einmaleinsbaum alle ·7 Aufgaben. Das Fingereinmaleins hilft dir.

② Rechne auch die Tauschaufgabe.

a)	b)	c)	d)	e)
3 · 7	5 · 7	2 · 7	4 · 7	8 · 7
1 · 7	9 · 7	10 · 7	6 · 7	0 · 7

3 · 7 =
7 · 3 =

③ Beim Teilen zur Malaufgabe eilen.

a)	b)	c)	d)	e)
35 : 7	14 : 2	0 : 7	30 : 3	64 : 8
70 : 7	45 : 5	7 : 1	10 : 10	9 : 3
14 : 7	49 : 7	50 : 5	20 : 4	100 : 10
7 : 7	36 : 6	70 : 10	10 : 5	25 : 5

0, 1, 1, 2, 2, 3, 5, 5, 5, 6, 7, 7, 7, 7, 8, 9, 10, 10, 10, 10

35 : 7 =
denn
   ·   = 35

④ Achtung, Fehler (8)! Rechne alles richtig.

a)	b)	c)	d)
18 : 9 = 3	30 : 6 = 5	12 : 6 = 3	49 : 7 = 6
35 : 7 = 5	70 : 7 = 9	15 : 3 = 8	16 : 8 = 2
64 : 8 = 9	45 : 5 = 9	35 : 7 = 6	7 : 7 = 0

18 : 9 =
denn
   ·   = 18

Kernaufgaben des Einmaleins zur Lösung weiterer Aufgaben nutzen

Für nimmersatte Mathebären

Pass auf die Einer auf!

1 Rechne und ergänze die Sätze. Setze ein: gerade 5 0

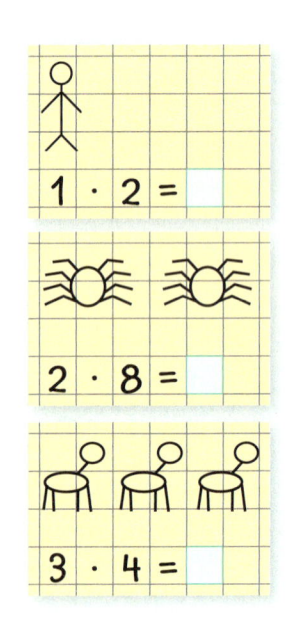

·5 oder 5·	·2 oder 2·	·10 oder 10·
7·5 5·8 9·5	3·2 2·6 9·2	2·10 10·3 6·10
4·5 5·3 2·5	2·2 2·7 4·2	1·10 10·7 10·5
1·5 5·6 5·5	5·2 2·10 8·2	9·10 10·8 10·4
Die Ergebniszahl hat immer ☐ oder ☐ Einer.	Die Ergebniszahl ist immer ☐.	Die Ergebniszahl hat immer ☐ Einer.

1 · 2 =
2 · 8 =
3 · 4 =

2 Wie viele Beine? Male und schreibe dazu die Malaufgaben.
a)
b)
c)

3 Wie viele Schafe und Enten können das sein?
a) 4 Beine   b) 8 Beine   c) 20 Beine   d) 36 Beine

Aufgaben, die du in der ·-Tafel auf Seite 66 neben- oder über- und untereinander findest, nennen wir Nachbaraufgaben.

4 Aus den Kernaufgaben erwächst das Einmaleins. Rechne.

a)　　1·4　　　　　b)　　6·7　　　　　c)　　4·8
2·3　2·4　2·5　　　7·6　7·7　7·8　　　5·7　5·8　5·9
　　　3·4　　　　　　　　8·7　　　　　　　　6·8

d)　　2·5　　　　　e)　　7·2　　　　　f)　　5·6
3·4　3·5　3·6　　　8·1　8·2　8·3　　　6·5　6·6　6·7
　　　4·5　　　　　　　　9·2　　　　　　　　7·6

5 Nachbaraufgaben! Rechne wie in Aufgabe 4.

a) 4·5   b) 8·8   c) 9·5   d) 3·3   e) 9·9

6 Rechne. Was fällt dir auf? Warum ist das so?

a) 1 + 2 + 3 = 3 · ☐   b) 6 + 7 + 8 = ☐ · ☐
   3 + 4 + 5 = 3 · ☐   8 + 9 + 10 = ☐ · ☐

Kernaufgaben des Einmaleins zur Lösung weiterer Aufgaben nutzen

7 3 Zahlen – 4 verwandte Aufgaben!

a) 4, 3, ☐
b) 3, 5, ☐
c) 4, 7, ☐
d) 8, 6, ☐
e) 10, 5, ☐
f) 9, 8, ☐
g) 6, 6, ☐
h) 6, 7, ☐

$4 \cdot 3 =$
$3 \cdot 4 =$
$12 : 4 =$
$12 : 3 =$

8 Beim Teilen zur Malaufgabe eilen.

a)
$45 : 9 =$
$49 : 7 =$
$18 : 2 =$
$20 : 4 =$
$40 : 5 =$
$64 : 8 =$

b)
$9 : 3 =$
$10 : 2 =$
$1 : 1 =$
$25 : 5 =$
$16 : 8 =$
$36 : 6 =$

c)
$18 : 9 =$
$30 : 3 =$
$81 : 9 =$
$16 : 2 =$
$10 : 5 =$
$8 : 4 =$

d)
$30 : 6 =$
$14 : 7 =$
$4 : 2 =$
$36 : 9 =$
$20 : 2 =$
$12 : 6 =$

1, 2, 2, 2, 2, 2, 2, 2, 3, 4, 5, 5, 5, 5, 5, 6, 7, 8, 8, 8, 9, 9, 10, 10

$45 : 9 =$
denn
☐ $\cdot 9 = 45$

9 Teilen mit Rest.

a)
$4 : 2 =$
$5 : 2 =$ R ☐
$10 : 2 =$
$11 : 2 =$ R ☐
$20 : 4 =$
$22 : 4 =$ R ☐
$16 : 4 =$
$19 : 4 =$ R ☐

b)
$9 : 3 =$
$11 : 3 =$ R ☐
$15 : 3 =$
$16 : 3 =$ R ☐
$12 : 6 =$
$14 : 6 =$ R ☐
$36 : 6 =$
$40 : 6 =$ R ☐

c)
$14 : 7 =$
$19 : 7 =$ R ☐
$7 : 7 =$
$10 : 7 =$ R ☐
$35 : 7 =$
$38 : 7 =$ R ☐
$49 : 7 =$
$52 : 7 =$ R ☐

$4 : 2 = 2$
denn
$2 \cdot 2 = 4$
$5 : 2 = 2$ R
denn
$2 \cdot 2 + ☐ = 5$
   4

10 Im Sportunterricht sind 20 Kinder. Die Lehrerin hat 5 Stationen aufgebaut. An jeder Station turnen gleich viele Kinder.
F: Wie viele Kinder sind an jeder Station?

11 Heute sind 22 Kinder im Sportunterricht. Auf ein Signal bilden die Kinder 5er-Gruppen.
F: Wie viele Gruppen werden gebildet? Wie viele Kinder bleiben übrig?

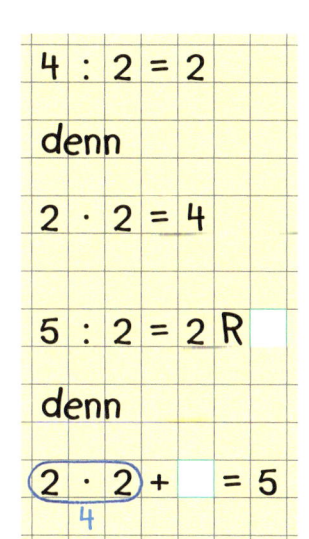

Rechenstrategien nutzen

95

1, 2, 3 – feine Knobelei!

1 Um Bibus Burg fließt der Fluss Gutmühl. Darüber führen 6 Brücken.
Bibu will über alle 6 Brücken spazieren, ohne eine Brücke zweimal zu benutzen. Beschreibe den Weg.

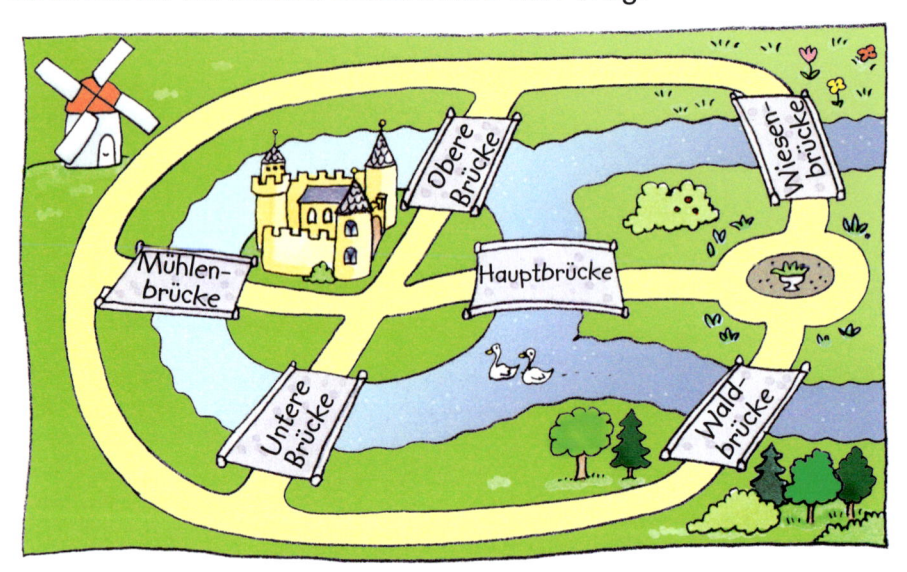

b) Bibu will rechts neben der unteren Brücke eine weitere Brücke bauen. Kann er über alle 7 Brücken gehen, ohne eine Brücke zweimal zu benutzen?

2 Bauer Klug wollte mit einem Jagdhund, einem Hasen und einem riesigen Kohlkopf den Fluss Gutmühl überqueren. In sein winziges Boot passten aber nur zwei davon und er selbst.

Der Hund wollte den Hasen beißen. Deshalb durfte der Hund nicht mit dem Hasen allein sein.

Der Hase wollte den Kohlkopf fressen. Deshalb durfte der Hase nicht mit dem Kohlkopf allein sein.

Wie brachte Bauer Klug den Hund, den Hasen und den Kohlkopf ans andere Ufer? Beschreibe. Eine Zeichnung kann dir helfen.

3 Zeichne diese Muster ab und setze sie fort. Rechne.

a)

1   1 + 2 = ☐   1 + 2 + ☐ = ☐   ☐ + ... = ☐

b)

2 + 2 = ☐   3 + ☐ = ☐   4 + ☐ = ☐   ☐ + ☐ = ☐

c)

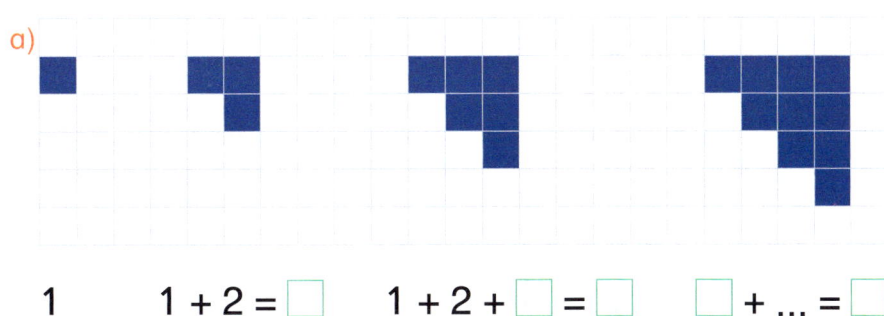

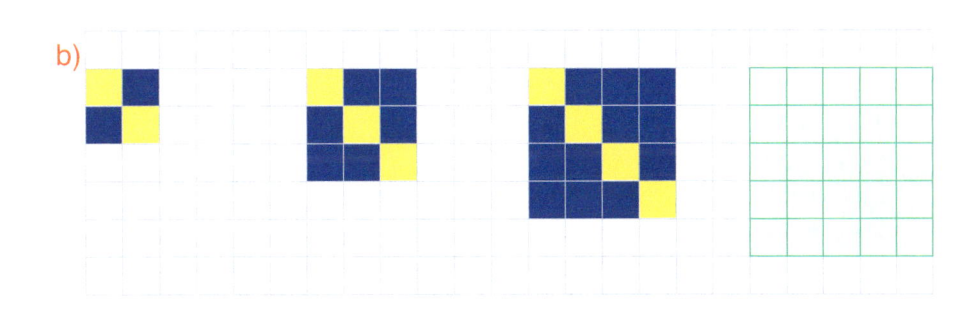

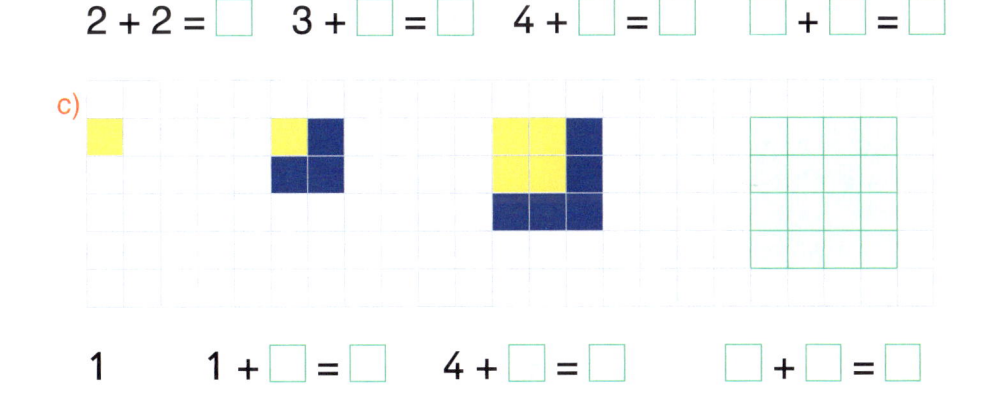

1   1 + ☐ = ☐   4 + ☐ = ☐   ☐ + ☐ = ☐

4 Zeichne diese Quadrate ab. Male dann in jedem Quadrat ein anderes Dreieck farbig an.

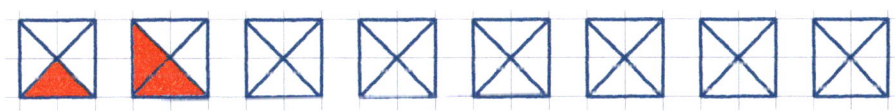

5 Wie viele Dreiecke und Vierecke siehst du?

Ich sehe 4 Dreiecke.

Ich sehe 5 Dreiecke und 6 Vierecke.

a) Wer hat Recht?
b) Entferne jeweils einige Streichhölzer, sodass die blauen Formen am Rand entstehen.

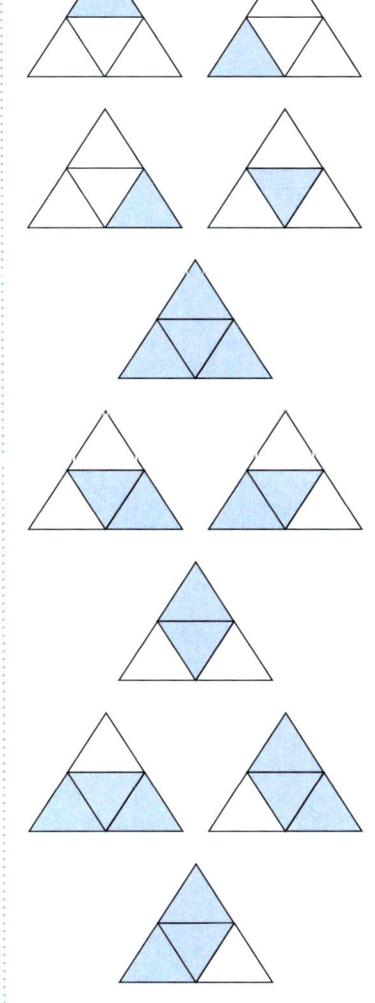

Trick: 9 ist fast 10

1 a) Wie rechnest du? 25 + 19 = ☐
b) So legt und rechnet Christian. Erkläre.

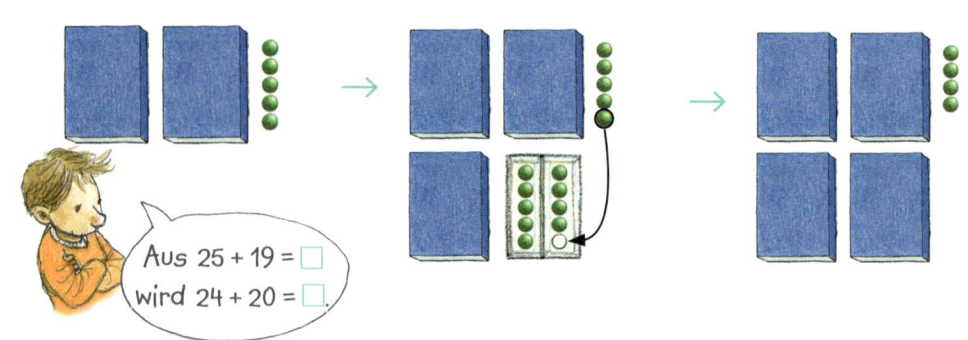

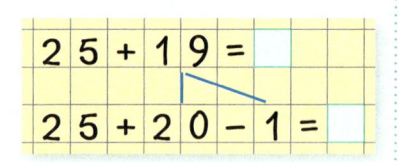

Aus 25 + 19 = ☐ wird 24 + 20 = ☐.

25 + 1 9 =
25 + 2 0 − 1 =

2
a)	b)	c)	d)
25 + 19	14 + 19	35 + 18	24 + 38
36 + 19	57 + 39	46 + 18	47 + 18
43 + 19	29 + 49	63 + 18	39 + 48
18 + 19	42 + 29	28 + 18	52 + 28

33, 37, 44, 46, 53, 55, 62, 62, 64, 65, 71, 78, 80, 81, 87, 96

8 ist auch fast 10!

3 a) Wie rechnest du? 32 − 19 = ☐
b) So legt und rechnet Sara. Erkläre.

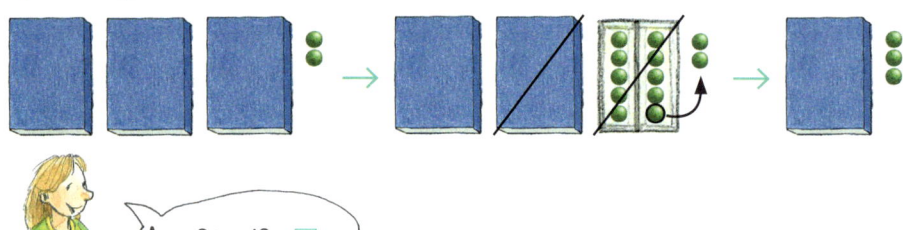

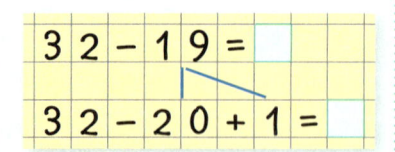

Aus 32 − 19 = ☐ wird 33 − 20 = ☐.

3 2 − 1 9 =
3 2 − 2 0 + 1 =

4
a)	b)	c)	d)
32 − 19	31 − 29	32 − 18	41 − 28
55 − 19	87 − 49	75 − 18	67 − 38
76 − 19	43 − 39	86 − 18	93 − 78
94 − 19	68 − 59	94 − 18	58 − 18

2, 4, 9, 13, 13, 14, 15, 29, 36, 38, 40, 57, 57, 68, 75, 76

5
a)	b)	c)	d)
62 + 19	46 + 28	35 + 28	41 + 39
62 − 19	46 − 28	35 − 28	41 − 39
58 + 39	74 + 17	63 + 27	57 + 28
58 − 39	74 − 17	63 − 27	57 − 28

2, 7, 18, 19, 29, 36, 43, 57, 63, 74, 80, 81, 85, 90, 91, 97

AH Seite 52

Rechenstrategien nutzen

Trick: Verwandte Aufgaben

1 3 Zahlen – 4 verwandte Aufgaben!
a) 19, 49, 68   b) 16, 58, 74   c) 28, 54, 82   d) 19, 35, 54

$19 + 49 = 68$
$49 + 19 = 68$
$68 - 49 = 19$
$68 - 19 = 49$

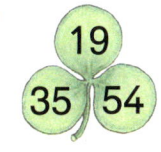

2 Ist eine Aufgabe recht schwer, hol ich mir Verwandte her.

a)
☐ + 19 = 61
☐ − 29 = 39
☐ + 48 = 92
☐ − 38 = 27
☐ + 17 = 30

b)
☐ − 39 = 28
☐ + 58 = 61
☐ − 28 = 54
☐ + 89 = 94
☐ − 37 = 54

c)
☐ − 69 = 25
☐ + 49 = 49
☐ − 27 = 23
☐ + 59 = 73
☐ − 57 = 25

0, 3, 5, 13, 14, 42, 44, 50, 65, 67, 68, 82, 82, 91, 94

Ist der Platz ganz vorne leer, rechne ich von hinten her: die Umkehraufgabe.

3 Finde die 3. Zahl. Es gibt jeweils 2 Möglichkeiten. Rechne die verwandten Aufgaben.

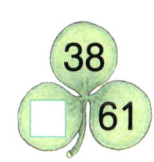

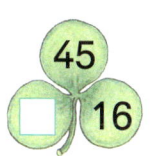

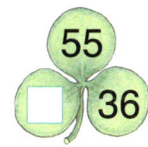

a) ☐, 32, 19   b) 28, ☐, 51   c) 18, 43, ☐   d) 38, ☐, 61

e) 45, ☐, 16   f) 39, 26, ☐   g) 55, ☐, 36   h) 74, ☐, 25

4 Welche verwandte Aufgabe hilft?

a)
31 − 29
91 − 88
64 − 59
83 − 79

b)
85 − 78
21 − 19
51 − 48
62 − 58

c)
92 − 88
23 − 19
61 − 59
72 − 69

d)
41 − 38
73 − 69
92 − 89
41 − 39

2, 2, 2, 2, 3, 3, 3, 3, 3, 4, 4, 4, 4, 4, 5, 7

$31 - 29 = \square$
$29 + \square = 31$

5
a)
16 + ☐ = 31
56 − ☐ = 19
74 + ☐ = 92
71 − ☐ = 26

b)
35 − ☐ = 26
16 + ☐ = 43
48 − ☐ = 29
69 + ☐ = 71

c)
52 − ☐ = 17
6 + ☐ = 25
57 − ☐ = 29
32 + ☐ = 71

2, 9, 15, 18, 19, 19, 27, 28, 35, 37, 39, 45

$16 + \square = 31$
$31 - 16 = \square$

Ist eine Aufgabe recht schwer, hol ich mir Verwandte her.

Rechenstrategien nutzen

Reise ins Land der Rechengeschichten

Jeder hat seine Meinung.

1 a) Welches Unterrichtsfach findest du besonders wichtig?
b) Schau genau, wie die Kinder einer Klasse dazu antworten. Jedes Kind hat ein Fach genannt. Was entdeckst du?

Lesen (L) ||||
Schreiben (Sch) |||
Mathematik (M) |||| |
Sport (Sp) ||
andere Fächer (aF) |||

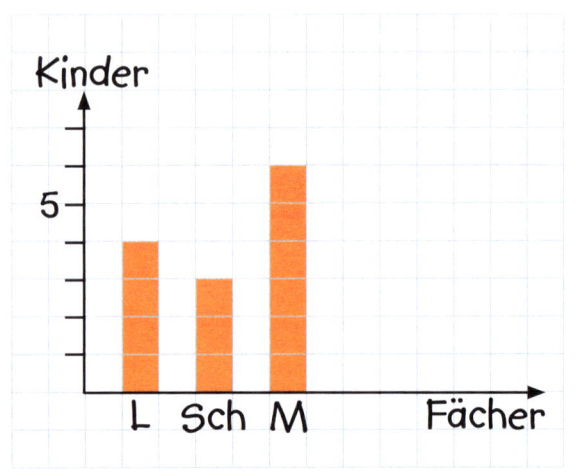

Ein Säulenbild ist ein besonderes Schaubild!

c) Zeichne zu der Strichliste das **vollständige** Schaubild.

2 Hier findest du Fragen zum Schaubild in Aufgabe 1. Achtung, nicht alle kannst du beantworten!
a) Wie viele Kinder finden Lesen besonders wichtig?
b) Welches Fach finden die meisten Kinder am wichtigsten?
c) Welches Fach finden die wenigsten Kinder wichtig?
d) Wie viele Mädchen finden Mathematik wichtiger als Sport?
e) Wie viele Kinder mehr finden Mathematik wichtiger als Sport?
f) Wie viele Kinder weniger finden Schreiben wichtiger als Lesen?
g) Wie viele Kinder gehen in die Klasse?

3 Finde zum Schaubild in Aufgabe 1 fünf weitere Fragen.

4 a) Welches Fach finden die Kinder in deiner Klasse wichtig? Jedes Kind darf nur eine Antwort geben. Erstelle eine Strichliste und zeichne wie in Aufgabe 1.
b) Vergleiche das Schaubild deiner Klasse mit dem Schaubild aus Aufgabe 1. Wodurch unterscheiden sie sich?

⑤ Sei schlau, schau genau! Welche Informationen entdeckst du im Schaubild?

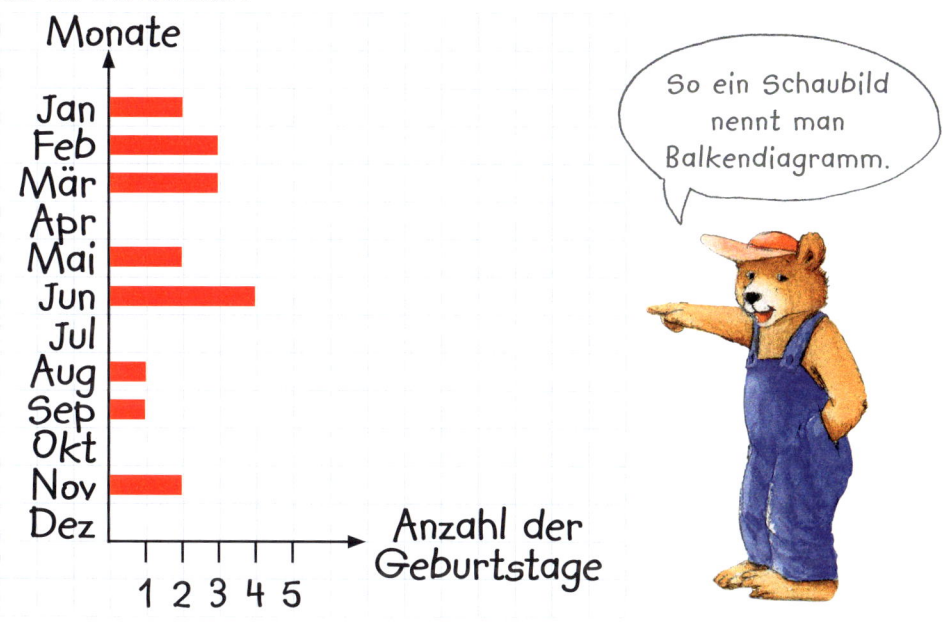

So ein Schaubild nennt man Balkendiagramm.

⑥ Welche Fragen kannst du mithilfe des Schaubildes beantworten?
a) Wie viele Kinder haben im Januar Geburtstag?
b) In welchen Monaten hat kein Kind Geburtstag?
c) Wie viele Kinder sind in dieser Klasse?
d) Wer feiert im November Geburtstag?
e) In welchem Monat haben die meisten Kinder Geburtstag?

⑦ Finde zu dem Schaubild in Aufgabe 5 drei weitere Fragen.

⑧ Welche Antworten sind falsch (2)?
a) In diese 2. Klasse gehen 8 Kinder.
b) Im März haben 3 Kinder mehr Geburtstag als im April.
c) Im Dezember und Oktober haben keine Kinder Geburtstag.
d) Im August haben 3 Kinder mehr Geburtstag als im Juni.
e) Im Mai haben 2 Kinder Geburtstag.
f) Im Juni haben 2 Kinder mehr Geburtstag als im Mai.

⑨ Zeichne ein Balkendiagramm für die Geburtstage in deiner Klasse. Schreibe Rechenfragen dazu, die andere Kinder mithilfe deines Schaubildes beantworten können.

Sei schlau, schau genau!

Aus Schaubildern kannst du viele Informationen entnehmen.

Daten und Informationen aus Schaubildern entnehmen

Reise ins Land der Rechengeschichten

1 Die Kinder bestellen 4 Eisbecher.
In jedem Becher sind 3 Eiskugeln.
Wie viele Kugeln sind das zusammen?
Bibu zeichnet, um die Rechengeschichte zu erklären.
Welche Zeichnung ist dafür praktischer? Warum?

Z1:   Z1:

Denke jeweils an Frage (F), Zeichnung (Z), Rechnung (R), Antwort (A).

2 Zeichne so einfach wie möglich: Gesicht, Mensch, Auto, Hund.

3 Zeichne und rechne.
a) Sara bestellt 5 Eisbecher. In jedem sind 4 Eiskugeln.
F: Wie viele Eiskugeln sind das zusammen?

b) Julia hat 8 Euro. Sie kauft für sich und ihre Freundinnen je ein Eishörnchen. Ein Hörnchen kostet 2 Euro.
F: Wie viele Eishörnchen kann Julia kaufen?

c) Vor der Eistheke stehen 2 Frauen, 3 Kinder und 2 Hunde.
F: Wie viele Beine sind das?

d) Sara sieht vor der Eistheke 14 Beine.
F: Wie viele Hunde und wie viele Menschen können das sein? Es gibt mehrer Lösungen.

e) Mutter kauft einen Eisbecher für 7 Euro. Der Eisbecher von Moritz ist um 3 Euro billiger.
F: Wie viel kostet der Eisbecher von Moritz?

f) Antonia kauft ein Eis für 3 Euro. Erkan gibt dafür 2 Euro mehr aus.
F: Wie viel kostet Erkans Eis?

g) Jakob bezahlt für sich und seine 4 Freunde 15 Kugeln Eis. Jeder bekommt gleich viel.
F: Wie viele Kugeln hat jeder?

Zeichne einfach, zeichne klar, schon stellt sich die Lösung dar.

Einfache Darstellungsformen für das Bearbeiten mathematischer Probleme wählen

Das kann ich schon 5

1 a) Schreibe jeweils beide Uhrzeiten.   b) 20 Minuten später. Schreibe zu jeder Uhr die neuen Zeiten.

☐ Uhr ⟶ ☐ Uhr
☐ Uhr ⟶ ☐ Uhr

☐ Uhr ⟶ ☐ Uhr
☐ Uhr ⟶ ☐ Uhr

Bearbeite immer eine Aufgabe. Wie konntest du sie lösen? Male passend dazu: ☺ 😐 ☹

2
a) 4 · 4 = ☐   b) 8 · 8 = ☐   c) 3 · 3 = ☐   d) 6 · 6 = ☐
2 · 4 = ☐   5 · 8 = ☐   2 · 3 = ☐   10 · 6 = ☐
7 · 4 = ☐   9 · 8 = ☐   6 · 3 = ☐   8 · 6 = ☐

3
a) 20 : 4 = ☐   b) 40 : 8 = ☐   c) 6 : 3 = ☐   d) 6 : 6 = ☐
16 : 4 = ☐   16 : 8 = ☐   15 : 3 = ☐   30 : 6 = ☐
8 : 4 = ☐   80 : 8 = ☐   3 : 3 = ☐   12 : 6 = ☐

4 In der Klasse 1b sind 20 Kinder. Einige hatten heute Gemüse oder Obst dabei.

a) Wie viele Kinder hatten Obst oder Gemüse dabei?
☐ Kinder

b) Wie viele Kinder hatten kein Obst oder Gemüse dabei?
☐ Kinder

Alles fertig? Überprüfe mit Seite 104.

5 In 14 Tagen feiert Hartwin Hamster Geburtstag.
F: In wie vielen Wochen ist das?

6 a) Verdopple.
| 21 | 32 | 43 | 25 | 36 | 47 |
| | | | | | |

b) Halbiere.
| 40 | 80 | 28 | 10 | 50 | 52 |
| | | | | | |

AH Seite 55

Überprüfen und üben 5

→ S. 84/3
S. 85/3

1 a) Schreibe jeweils beide Uhrzeiten. b) 20 Minuten später. Schreibe zu jeder Uhr die neuen Zeiten.

11.25 Uhr ⟶ 11.45 Uhr
23.25 Uhr ⟶ 23.45 Uhr

2.40 Uhr ⟶ 3.00 Uhr
14.40 Uhr ⟶ 15.00 Uhr

→ S. 89/1, 2
S. 90/1, 2
S. 91/1, 2
S. 92/1, 2

2
a)	b)	c)	d)
4 · 4 = 16	8 · 8 = 64	3 · 3 = 9	6 · 6 = 36
2 · 4 = 8	5 · 8 = 40	2 · 3 = 6	10 · 6 = 60
7 · 4 = 28	9 · 8 = 72	6 · 3 = 18	8 · 6 = 48

→ S. 89/3
S. 90/3
S. 91/4
S. 92/3

3
a)	b)	c)	d)
20 : 4 = 5	40 : 8 = 5	6 : 3 = 2	6 : 6 = 1
16 : 4 = 4	16 : 8 = 2	15 : 3 = 5	30 : 6 = 5
8 : 4 = 2	80 : 8 = 10	3 : 3 = 1	12 : 6 = 2

4 In der Klasse 1b sind 20 Kinder. Einige hatten heute Gemüse oder Obst dabei.

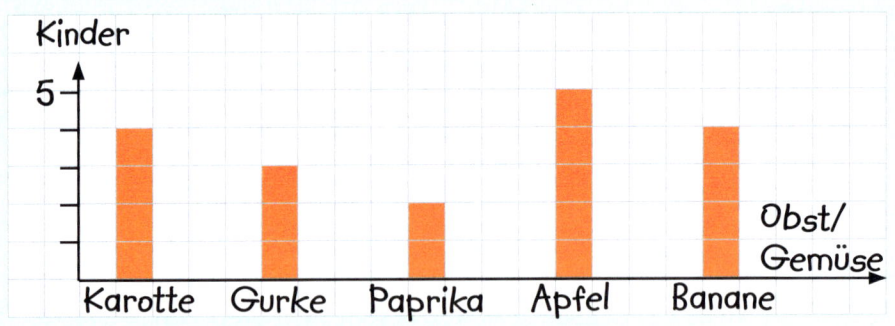

→ S. 100/1, 2

a) Wie viele Kinder hatten Obst oder Gemüse dabei?

18 Kinder

b) Wie viele Kinder hatten kein Obst oder Gemüse dabei?

2 Kinder

5 In 14 Tagen feiert Hartwin Hamster Geburtstag.
F: In wie vielen Wochen ist das? R: 14 = 7 · 2
A: In 2 Wochen ist das.

6 a) Verdopple.   b) Halbiere.

→ S. 88/1
S. 88/3

21	32	43	25	36	47
42	64	86	50	72	94

40	80	28	10	50	52
20	40	14	5	25	26

AH Seite 55

So viele Möglichkeiten!

1 a) Wie viele Möglichkeiten findest du, aus diesen 3 Würfeln einen Turm zu bauen? Probiere und zeichne. 
b) Samuel findet alle Möglichkeiten mit einem Baumdiagramm. Zeichne ab und ergänze.

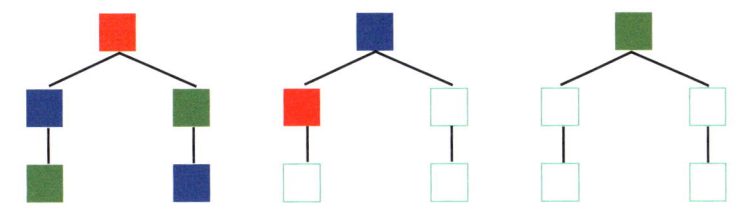

Wie in Klasse 1, nur schwerer!

2 Bewegungspause!

1 Minute auf der Stelle hüpfen: H
1 Minute auf der Stelle laufen: L
1 Minute Kniebeugen: K

a) In deiner Bewegungspause sollen sich Übungen nicht wiederholen. Welche Übungsabfolgen sind möglich (6)? Notiere.
b) Zeichne das Baumdiagramm vollständig.

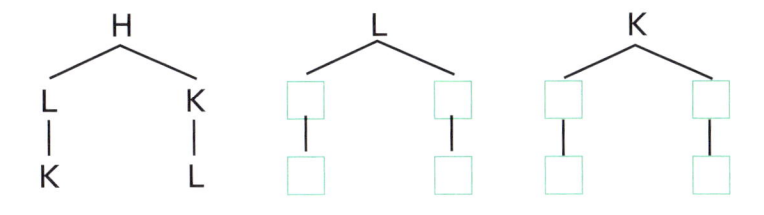

Welche Bewegungspause gefällt dir am besten?

3 In Bibus Bewegungspause dürfen sich die Übungen von Aufgabe 2 wiederholen. Notiere die Möglichkeiten (27).

4 Lena kann sich nicht entscheiden: Welche Mütze und welchen Anorak soll sie anziehen? Notiere ihre Möglichkeiten (9).

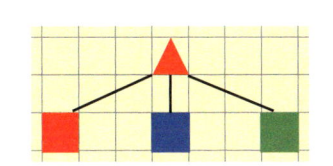

5 Lena überlegt, welchen Schal sie dazu anziehen soll. Den roten, den grünen oder den blauen? Notiere ihre Möglichkeiten (27).

Anzahl der Möglichkeiten bei kombinatorischen Aufgabenstellungen bestimmen

AH Seite 56 105

Unser Geld: Münzen

2 €: (2 €)
...

1 Ordne und zeichne die Münzen vom Rand. Beginne mit der wertvollsten.

2 Mit welchen Münzen kannst du was bezahlen? Schätze.

3 Wer (4) kann die Trauben kaufen? Schreibe die ⊕ Aufgaben.

🍇 1 € = 100 ct

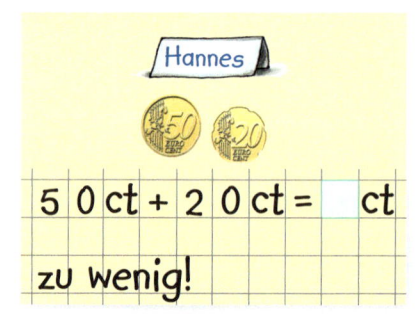

Hannes
50 ct + 2 0 ct = ⬚ ct
zu wenig!

Luisa

Steffi

Lukas

Sara

Leila

Samuel

Moritz

Julia

4 a) Vergleiche die Geldbeträge aus Aufgabe 3. Ergänze passend:
mehr Geld als, weniger Geld als, gleich viel Geld als

Sara hat ⬚ Lukas. Leila hat ⬚ Moritz.

Hannes hat ⬚ Luisa.

b) Finde weitere Vergleiche. Schreibe wie in Aufgabe a).

5 Einige Kinder aus Aufgabe 3 können die Trauben nicht kaufen. Wie viel Geld fehlt ihnen? Rechne.

Hannes
R: 7 0 ct + ⬚ ct = 1 0 0 ct
A: Es fehlen noch ⬚ ct.

100 Cent = 1 Euro.
100 ct = 1 €

6 75 ct, 82 ct, 96 ct, 19 ct, 48 ct, 67 ct, 95 ct, 99 ct
a) Zeichne jeden Betrag mit möglichst wenigen Münzen.
b) Finde jeweils eine weitere Möglichkeit. Zeichne.

75 ct:
50 ct 20 ct 5 ct
oder:
20 ct 20 ct 20 ct
10 ct 5 ct

7 a) 1 Euro Taschengeld! Zeichne 10 Möglichkeiten.
b) Was kannst du dafür kaufen? Erkundige dich.

8 Wer (2) hat falsch zurückbekommen? Erzähle und rechne.

	... kauft:	... gibt:	Rückgeld:
a)	95 ct	1 Euro	5 ct zurück
b)	Erkan, 2 Bananen: 65 ct	1 Euro	35 ct zurück
c)	Marie, 76 ct	50 ct + 50 ct	14 ct zurück
d)	Lukas, 89 ct	50 ct + 50 ct	11 ct zurück
e)	Fine, 78 ct	20 ct + 20 ct + 50 ct	12 ct zurück
f)	Samuel, 12 ct + 59 ct	20 ct + 20 ct + 20 ct + 20 ct	9 ct zurück
g)	Resul, 45 ct + 1 Riegel: 25 ct	1 Euro	15 ct zurück

Cent kommt von Centum. Das ist ein altes lateinisches Wort und heißt 100. 1 € sind 100 Cent!

9 a) Welche 3 Teile vom Rand könnte Steffi für 90 Cent kaufen?
b) Laura hat nur halb so viel Geld wie Steffi. Welche 3 gleichen Teile könnte sie sich kaufen?

10 Du hast 85 Cent. Was kaufst du? Wie viel Geld bleibt übrig?

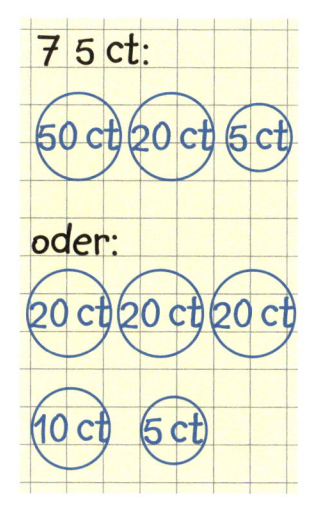

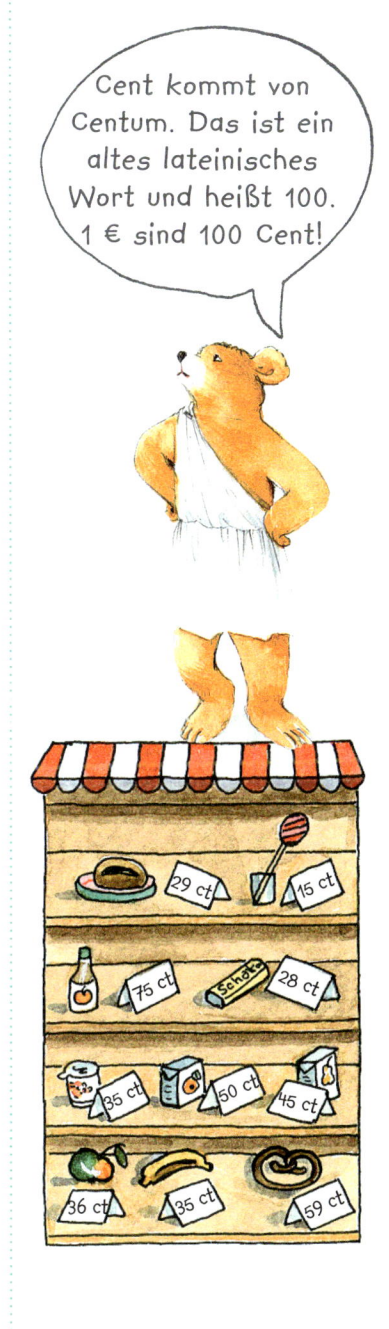

Geldbeträge wechseln und auf unterschiedliche Weise darstellen

Unser Geld: Münzen und Scheine

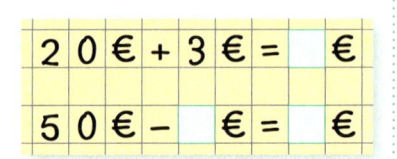

1 a) Wer kann diese Schultasche kaufen?

75 €

Herr Schnell   Frau Schwarz   Frau Ehrlich

b) Wie viel hat deine Schultasche ungefähr gekostet?

2 64 €, 52 €, 96 €, 37 €, 85 €, 23 €, 99 €, 78 €, 45 €
a) Zeichne jeweils möglichst wenige Münzen und Scheine.
b) Finde jeweils eine weitere Möglichkeit. Zeichne.

64 €: 50 10
        ② ②

3 Wer hat am meisten Geld gespart? Wer am wenigsten?

	20 €	10 €	5 €	2 €	1 €	50 ct
Christian	1	–	3	–	–	2
Julia	2	–	5	8	2	2
Sonja	–	2	6	7	8	4
Jakob	3	1	2	4	5	6
Steffi	–	4	5	2	4	8

Christian: ___ €
20 5 ㊿
    5 ㊿
    5

4 Erzähle. Berechne das Rückgeld. Wo reicht das Geld nicht?

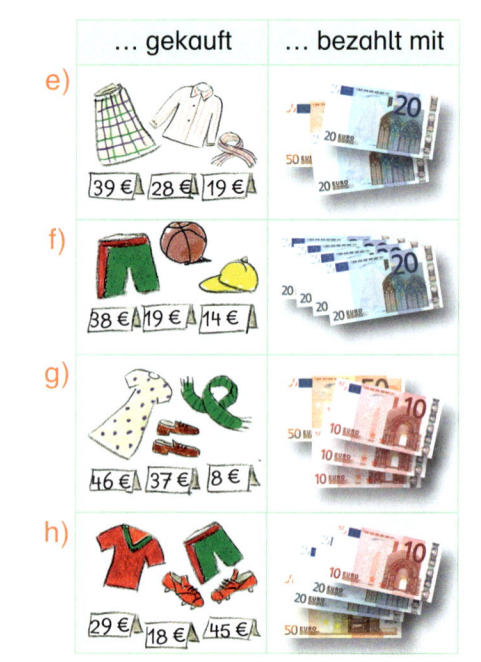

	… gekauft	… bezahlt mit		… gekauft	… bezahlt mit
a)	20 €, 3 €	50	e)	39 €, 28 €, 19 €	50, 20
b)	28 €, 17 €	20, 10	f)	38 €, 19 €, 14 €	20, 20, 20
c)	17 €, 16 €, 7 €	100	g)	46 €, 37 €, 8 €	50, 10, 10, 10
d)	28 €, 17 €, 16 €	50, 20	h)	29 €, 18 €, 45 €	10, 20, 50

20 € + 3 € = ___ €
50 € – ___ € = ___ €

5 Lege 100 € mit Scheinen. Wie viele verschiedene Möglichkeiten findest du?

108   AH Seite 58   FA 13   Geldbeträge wechseln und auf unterschiedliche Weise darstellen

Euro und Cent

Seite 107, Aufgabe 7   1 € verschieden legen

1 Wie viel Geld ist das?

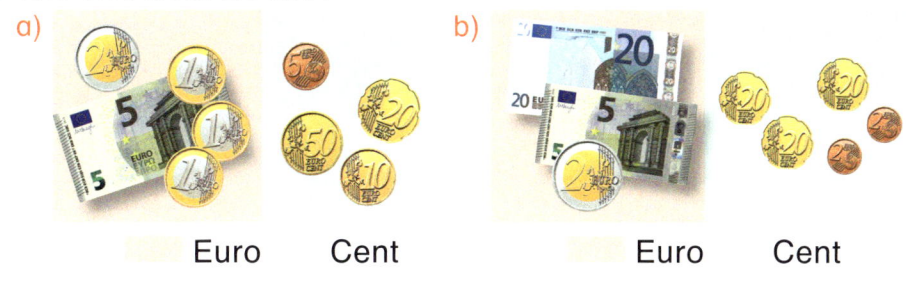

a) ___ Euro ___ Cent

b) ___ Euro ___ Cent

Ordne! Zuerst Euro, dann Cent.

2 10 € 95 ct, 75 €, 75 ct, 3 € 98 ct, 47 € 8 ct, 54 ct, 99 € 99 ct

a) Zeichne die Geldbeträge mit möglichst wenigen Scheinen und Münzen.

b) Ordne die Beträge. Beginne mit dem kleinsten.

10 € 95 ct

10   50   20
      20   5

3 Schreibe die Geldbeträge in € und ct.

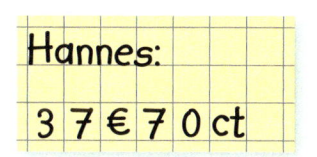

Hannes   Luisa   Steffi

Lukas   Sara   Leila

Samuel   Moritz   Julia

Hannes:
37 € 70 ct

Geld ordnen:
Zuerst Euro, dann Cent.
10 € 85 ct

Geldbeträge in gemischter Schreibweise notieren   FA 13   AH Seite 58   **109**

Reise ins Land der Rechengeschichten

Hier sind einige Lösungen versteckt. Achtung! Jeweils nur eine Zahl ist richtig. Erst überlegen, dann rechnen.

0 € 1 € 2 € 10 €

3 € 48 € 12 € 100 €

2 ct 70 ct 10 ct 1 €

2 ct 1 € 2 € 50 €

50 ct 10 € 1 € 20 €

Meine Schulwoche hat nur 5 Tage!

Schreibe immer Frage (F), Rechnung (R), Antwort (A).

1 Nikos großer Bruder erhält 7 € Taschengeld in der **Woche**.
F: Wie viele Euro sind das am **Tag**?

2 Leon erhält 6 € Taschengeld in der **Woche**. Lara, seine große Schwester, erhält **doppelt** so viel.
a) F: Wie viele Euro erhält Lara in einer **Woche**?
b) F: Wie viele Euro sind das in 4 **Wochen**?

3 Herr Lieb trinkt jeden **Tag** eine Tasse Tee. Er kauft sich für 70 ct eine Packung mit 7 Teebeuteln.
a) F: Wie viel Cent kostet ein Teebeutel?
b) F: Für wie viele **Wochen** reicht der Tee?

4 Eine Karotte kostet 10 ct. Paul isst jeden Tag 2 Stück.
F: Wie viele Euro kosten seine Karotten in 2 **Schulwochen**?

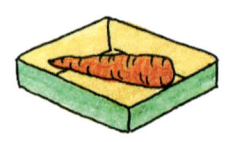

5 Lara isst jeden **Tag** in der Pause einen Müsliriegel. Einer kostet 50 ct.
F: Wie viele Euro sind das in 4 **Schulwochen**?

110 AH Seite 59 Informationen zu Größen aus Texten entnehmen; Plausibilität der Lösungen überprüfen

6 Im Supermarkt kostet eine Packung mit 4 Bratwürsten 4 €. Frau Lieb nimmt gleich die **doppelte** Menge und zahlt mit einem 10-€-Schein.
F: Wie viel Geld bekommt sie zurück?

| 1 € | 10 € |
| 2 € | 20 € |

7 Im Gemüseladen bezahlte Frau Lieb einen Beutel Kartoffeln mit zwei 2-€-Stücken und zwei 10-ct-Stücken. Heute entdeckt sie auf dem Markt Kartoffeln für die **Hälfte** des Preises.
a) F: Wie viel bezahlte Frau Lieb im Gemüseladen?
b) F: Wie viel kosten die Kartoffeln auf dem Markt?

2 € 10 ct
4 € 20 ct
2 € 20 ct
20 € 2 ct

8 Niko sucht sich Turnschuhe für 56 € aus. Mutter bezahlt mit 100 €. Der Kassierer gibt ihr zwei Scheine und **doppelt** so viele Münzen zurück.
a) F: Wie viele Euro bekommt Mutter zurück?
b) F: Welche Scheine und Münzen sind das? Zeichne.

| 44 ct | 56 € |
| 44 € | 100 € |

9 Frau Lieb sucht sich eine Bluse für 28 € aus. Sie bezahlt mit einem 50-€-Schein. Sie erhält vier Scheine und **halb** so viele Münzen zurück.
a) F: Wie viele Euro erhält sie zurück?
b) F: Welche Scheine und Münzen sind das?

Signalwörter:

doppelt,
halb,
Hälfte,
Tag,
Woche (7 Tage),
Schulwoche
(5 Tage)
…
Hinter Signalwörtern verstecken sich Zahlen oder Rechenaufgaben.

10 Julia will Tennisbälle kaufen. Sie überlegt: Wenn ich 6 Bälle kaufe, zahle ich 12 €. Wenn ich 2 Bälle kaufe, bezahle ich nur die **Hälfte**.
F: Welches Angebot ist günstiger?

Informationen zu Größen aus Texten entnehmen; Plausibilität der Lösungen überprüfen

Für nimmersatte Mathebären

1 Was entdeckst du? Warum ist das so?

a)	b)	c)	d)
12 + 21	61 + 16	13 + 31	15 + ☐
45 + 54	35 + 53	26 + 62	71 + ☐
34 + 43	25 + 52	18 + 81	27 + ☐
23 + 32	14 + 41	24 + 42	36 + ☐

2 Gute Paare!

a)	b)	c)	d)	e)
70 + 13	30 + 46	60 + 34	30 + 56	40 + 43
69 + 14	29 + 47	58 + 36	28 + 58	38 + 45

f)	g)	h)	i)	j)
49 + 26	39 + 15	18 + 57	48 + 25	68 + 19
50 + 25	40 + 14	20 + 55	50 + ☐	☐ + ☐

3 Finde viele ⊕ Aufgaben mit **aufeinanderfolgenden** Zahlen mit dem Ergebnis kleiner als 28.

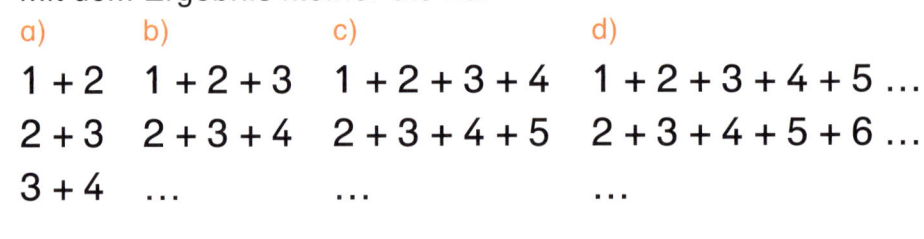

a)	b)	c)	d)
1 + 2	1 + 2 + 3	1 + 2 + 3 + 4	1 + 2 + 3 + 4 + 5 …
2 + 3	2 + 3 + 4	2 + 3 + 4 + 5	2 + 3 + 4 + 5 + 6 …
3 + 4	…	…	…
…			

4 Setze die Zahlenreihen fort.

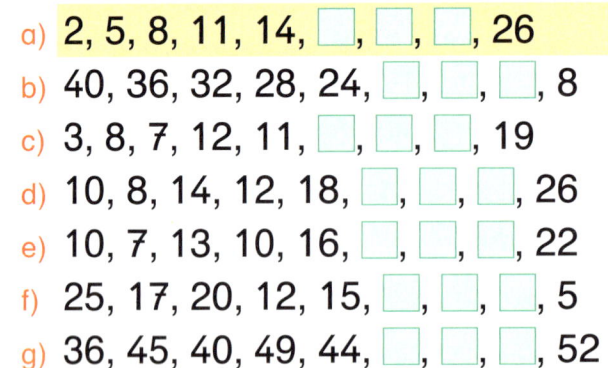

a) 2, 5, 8, 11, 14, ☐, ☐, ☐, 26
b) 40, 36, 32, 28, 24, ☐, ☐, ☐, 8
c) 3, 8, 7, 12, 11, ☐, ☐, ☐, 19
d) 10, 8, 14, 12, 18, ☐, ☐, ☐, 26
e) 10, 7, 13, 10, 16, ☐, ☐, ☐, 22
f) 25, 17, 20, 12, 15, ☐, ☐, ☐, 5
g) 36, 45, 40, 49, 44, ☐, ☐, ☐, 52

Achte auf die unsichtbaren Aufgaben zwischen den Zahlen.

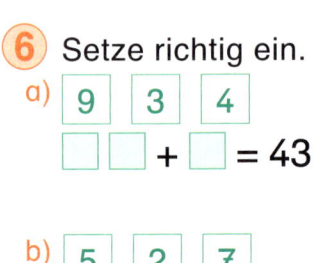

Erfinde Zahlenreihen für „Unser Mathebuch".

5 Rechne so weiter.

3 = 1 · 3
3 + 5 = 2 · 4
3 + 5 + 7 = 3 · ☐
3 + 5 + 7 + 9 = 4 · ☐
3 + 5 + 7 + 9 + 11 = ☐ · ☐

6 Setze richtig ein.

a) 9 3 4
☐☐ + ☐ = 43

b) 5 2 7
☐☐ − ☐ = 18

Arithmetische Muster beschreiben und fortsetzen

7 Gute Paare!

a)	b)	c)	d)	e)
71 – 18	31 – 24	81 – 39	92 – 58	52 – 25
70 – 17	30 – 23	80 – 38	90 – 56	50 – 23

f)	g)	h)	i)	j)
51 – 13	91 – 46	61 – 45	72 – 37	42 – 26
50 – 12	90 – 45	60 – 44	70 – 35	40 – ☐

Ich nehme von jedem 1 weg. Der Unterschied bleibt gleich.

8 Besondere Paare.

a)	b)	c)	d)	e)
56 – 25	38 – 25	49 – 18	59 – 23	47 – 13
65 – 52	83 – 52	94 – 81	☐ – ☐	☐ – ☐

f)	g)	h)	i)	j)
78 – 16	49 – 23	68 – 56	67 – 34	69 – 17
87 – 61	94 – 32	86 – 65	☐ – ☐	☐ – ☐

9 Verlängere die Türme. Was entdeckst du?

a)	b)	c)	d)	e)
5 · 6	8 · 6	6 · 6	9 · 6	7 · 6
5 · 7	8 · 7	6 · 7	9 · 7	7 · 7
5 · 8	8 · 8	6 · 8	9 · 8	7 · 8
5 · 9	8 · 9	6 · 9	9 · 9	7 · 9
...	...	...	...	...

Erfinde auch solche Rechentürme für „Unser Mathebuch".

10 Beim Teilen zur Malaufgabe eilen.

a)	b)	c)	d)	e)
30 : 5	45 : 9	35 : 5	40 : 8	16 : 4
18 : 2	30 : 3	12 : 2	90 : 9	36 : 6
40 : 10	16 : 8	80 : 10	14 : 7	49 : 7
5 : 5	7 : 1	0 : 9	64 : 8	20 : 4

30 : 5 =
denn
☐ · 5 = 30

11 Setze ein: < (3), > (5) oder = (4).

a)
25 + 36 ◯ 82 – 21
47 – 36 ◯ 4 + 9
38 + 43 ◯ 100 – 20
64 – 17 ◯ 52 + 19
24 + 35 ◯ 99 – 40
56 – 48 ◯ 1 + 6

b)
94 – 58 ◯ 21 + 13
19 + 33 ◯ 84 – 32
51 – 22 ◯ 3 + 25
32 + 48 ◯ 99 – 18
72 – 19 ◯ 18 + 34
13 + 49 ◯ 73 – 11

Setz ich ein = Zeichen ein, muss links und rechts gleich viel sein.

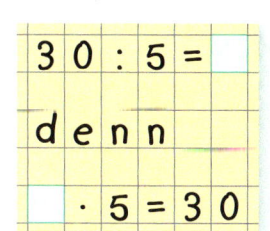

Arithmetische Muster beschreiben und fortsetzen

Geheimnisse der Hundertertafel

Seite 25, Aufgabe 1   Hundertertafel

1	2	3	4	5	6	7	8	9	10
11	12	13	14	15	16	17	18	19	20
21	22	23	24	25	26	27	28	29	30
31	32	33	34	35	36	37	38	39	40
41	42	43	44	45	46	47	48	49	50
51	52	53	54	55	56	57	58	59	60
61	62	63	64	65	66	67	68	69	70
71	72	73	74	75	76	77	78	79	80
81	82	83	84	85	86	87	88	89	90
91	92	93	94	95	96	97	98	99	100

1. a) Schreibe alle Zahlen von 0 bis 100, die eine 5 enthalten.
   Überlege vorher: Wie viele Zahlen werden das sein?
   b) Schreibe alle Zahlen von 0 bis 100, die eine 1 enthalten.
   Was fällt dir auf?

2. Ausschnitte aus der Hundertertafel!
   a) Bilde ⊕ Aufgaben mit den gleichfarbigen Zahlen.
   Was entdeckst du? Warum ist das so?

33	34	35	36
43	44	45	46

   33 + 46 = ☐   35 + ☐ = ☐
   34 + 45 = ☐   36 + ☐ = ☐

   b) Finde ebensolche ⊕ Aufgaben zu diesen Ausschnitten:

11	12	13	14
21	22	23	24

25	26	27	28
35	36	37	38

36	37	38	39
46	47	48	49

   c) Finde einen weiteren passenden Ausschnitt in der Hundertertafel und schreibe dazu ebensolche ⊕ Aufgaben.

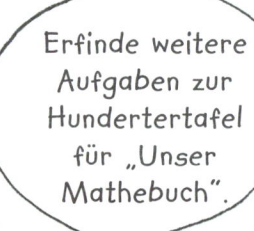

Erfinde weitere Aufgaben zur Hundertertafel für „Unser Mathebuch".

3 Achtung! Zwei Aufgaben kannst du nicht lösen. Begründe.
  a) Suche in der Hundertertafel 2 Zahlen nebeneinander, die zusammen 59 ergeben.
  b) Suche 2 Zahlen übereinander, die zusammen 45 ergeben.
  c) Suche 2 Zahlen übereinander, die zusammen 36 ergeben.
  d) Suche 2 Zahlen nebeneinander, die zusammen 50 ergeben.

4 a) Schreibe die fehlenden Zahlen jeweils der Reihe nach auf. Beginne immer mit der kleinsten Zahl. Was fällt dir auf?

A
1	2	3		5	6	7		9	10
11		13	14	15		17	18	19	
21	22	23		25	26	27		29	30
31		33	34	35		37	38	39	
41	42	43		45	46	47		49	50
51		53	54	55		57	58	59	
61	62	63		65	66	67		69	70
71		73	74	75		77	78	79	
81	82	83		85	86	87		89	90
91		93	94	95		97	98	99	

B
1	2	3	4	5	6	7		9	10
11	12	13	14	15		17	18	19	20
21	22	23		25	26	27	28	29	30
31		33	34	35	36	37	38	39	
41	42	43	44	45		47		49	50
51	52	53	54	55		57	58	59	60
61	62	63		65	66	67	68	69	70
71		73	74	75	76	77	78	79	
81	82	83	84	85	86	87		89	90
91	92	93	94	95		97	98	99	100

b) Suche weitere solche Muster in der Hundertertafel.

5 Namen kannst du mit den Buchstaben und Zahlen am Rand in Plusaufgaben verwandeln.
  a) Bibu ☐   b) Hannes ☐   c) Luisa ☐
  d) Marie ☐   e) Steffi ☐   f) Samuel ☐

Bibu — 34
Hannes — 46
Luisa — 61
Marie — 62
Steffi — 65
Samuel — 71

6 Rechne ebenso zu den Namen in deiner Klasse. Schreibe diese Zahlen auf Klebezettel und klebe sie auf die Hundertertafel.
  a) Wer hat den größten, wer hat den kleinsten Namen?
  b) Gibt es verschiedene Namen mit der gleichen Zahl?

7 Welche Kinder verstecken sich hinter diesen Zahlen? Suche die passenden Namen auf Seite 6.

33   34   39   49   55   74   75

A = 1
B = 2
C = 3
D = 4
E = 5
F = 6
G = 7
H = 8
I = 9
J = 10
K = 11
L = 12
M = 13
N = 14
O = 15
P = 16
Q = 17
R = 18
S = 19
T = 20
U = 21
V = 22
W = 23
X = 24
Y = 25
Z = 26

Bibu:
2 + 9 + 2 + 21 =

Beziehungen zwischen Zahlen begründen

Reise ins Land der Rechengeschichten

Eichelhäher

Kohlmeise

Storch

Mäusebussard

Eisvogel

Der Storch ist der größte Vogel und 100 cm groß.

Die Kohlmeise ist um 20 cm kleiner als der Eichelhäher.

Die Kohlmeise ist der kleinste Vogel. Sie ist um 86 cm kleiner als der Storch.

Der Eisvogel ist kleiner als der Eichelhäher, aber um 3 cm größer als die Kohlmeise.

Der Mäusebussard ist der zweitgrößte Vogel. Der Storch ist um 50 cm größer.

① Ordne die Vögel ohne zu rechnen nach ihrer Größe.

② Nur bei 4 Fragen musst du rechnen, um die Antwort zu finden. Schreibe nur diese Fragen auf.
a) Wie groß ist der Mäusebussard?
b) Wie groß ist die Kohlmeise?
c) Wie groß ist der Eisvogel?
d) Wie groß ist der Eichelhäher?
e) Wie groß ist der Storch?

③ Welche Rechnungen (4) passen zu den Rechenfragen aus Aufgabe 2? Schreibe sie auf und rechne.

100 cm + 50 cm = ☐ cm	100 cm − 50 cm = ☐ cm
100 cm − 86 cm = ☐ cm	100 cm + 86 cm = ☐ cm
14 cm + 3 cm = ☐ cm	14 cm − 3 cm = ☐ cm
14 cm + 20 cm = ☐ cm	20 cm − 14 cm = ☐ cm

④ Schreibe zum Bild oben Rechengeschichten für „Unser Mathebuch".

größer als   **doppelt so groß wie**

kleiner als   **halb so groß wie**

Signalwörter erkennen, Rechenzeichen nennen! Größer als, kleiner als, ⊕ oder ⊖. Was macht Sinn?

5 Wie groß sind die Wiesenblumen?

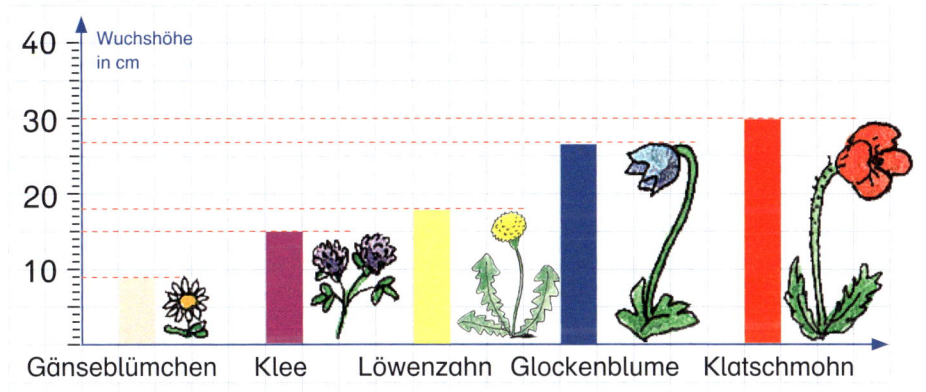

6 a) Kinder berechnen den Größenunterschied zwischen Gänseblümchen und Klee. Wer rechnet richtig? Erkläre.

15 cm + 9 cm = 24 cm Der Größenunterschied beträgt 24 cm. Leila	15 cm − 9 cm = 6 cm Der Größenunterschied beträgt 6 cm. Armin

Größenunterschied!

b) Berechne alle Größenunterschiede (10) der Blumen.

Blumen	Unterschied
Gänseblümchen – Klee	☐ cm − ☐ cm = ☐ cm
Gänseblümchen – Löwenzahn	☐ cm − ☐ cm = ☐ cm
Gänseblümchen – Glockenblume	☐ cm − ☐ cm = ☐ cm
Gänseblümchen – Klatschmohn	☐ cm − ☐ cm = ☐ cm
Klee – Löwenzahn	☐ cm − ☐ cm = ☐ cm
Klee – ...	

3 cm (2), 6 cm, 9 cm (2), 12 cm (2), 15 cm, 18 cm, 21 cm

7 a) Der Größenunterschied zwischen zwei Gänseblümchen beträgt 5 cm. Das kleinere ist 9 cm hoch.
F: Wie viele cm hoch ist die größere Blume?
b) Der Größenunterschied zwischen zwei Glockenblumen beträgt 6 cm. Die kleinere ist 20 cm hoch.
F: Wie viele cm hoch ist die größere Blume?

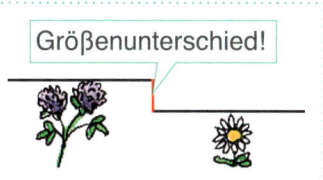

Signalwörter erkennen, Rechenzeichen nennen!
⊖ oder ⊕?
Was macht Sinn?

Informationen zu Größen aus Bildern und Texten entnehmen; Längen vergleichen

Von Flächen, Ecken und Kanten

Seite 40, Aufgabe 1 — Geometrische Körper

1 Ergänze die fehlenden Zahlen.

a) Ein Quader hat

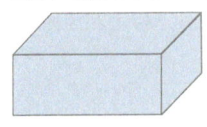

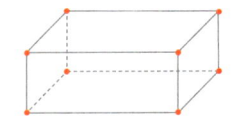

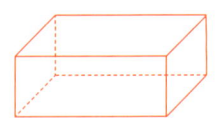

☐ Seitenflächen, ☐ Ecken und ☐ Kanten.

b) Ein Würfel hat

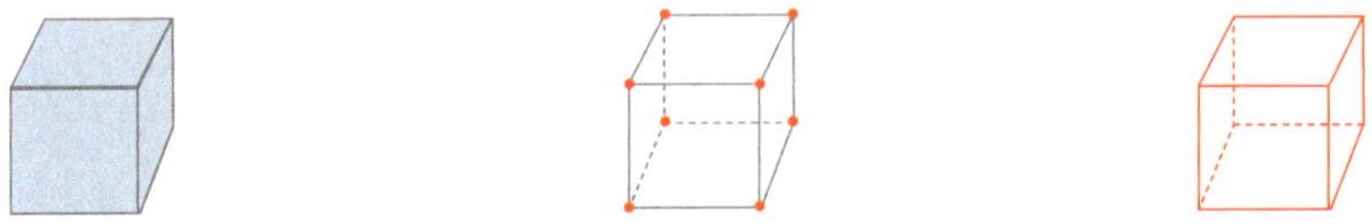

☐ Seitenflächen, ☐ Ecken und ☐ Kanten.

c) Ein Dreiecksprisma hat

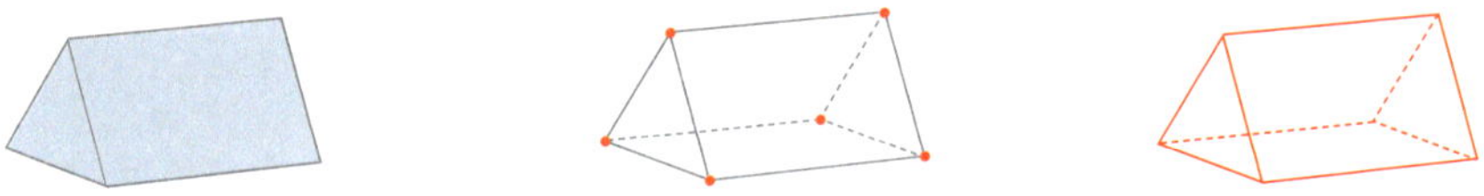

☐ Flächen, ☐ Ecken und ☐ Kanten.

d) Eine Pyramide hat

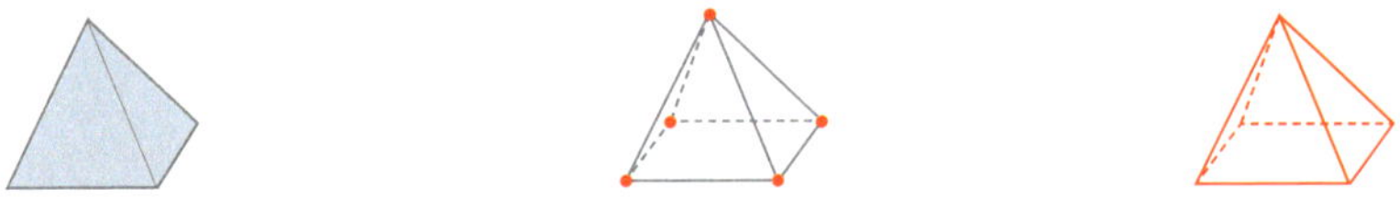

☐ Flächen, ☐ Ecken und ☐ Kanten.

2 Welcher Körper kann das jeweils sein?

a) **8 Ecken**
6 Ecken
5 Ecken

b) 6 Seitenflächen
5 Seitenflächen

c) 12 Kanten
9 Kanten
8 Kanten

3 Beschreibe diese Körper mit eigenen Worten.

4 Körper raten
(Spiel für 2 Kinder)
- Ein Kind beschreibt
- einen Körper.
- Das andere Kind rät.
- Wechselt euch ab.

Dieser Körper ist rund und hat keine Ecken.

Ist es eine Kugel?

ESELSBRÜCKE
Der Quader ist ein Körper.
Das Quadrat ist flach.

6 Würfelzahlen also 6 Flächen.

8 Ecken:
Würfel, Quader

Wichtige Wörter:
Kante
Seitenfläche
Ecke

Eigenschaften von Körperformen beschreiben

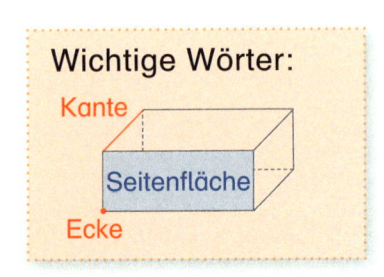

5 Welche Körper können die Kinder bauen?

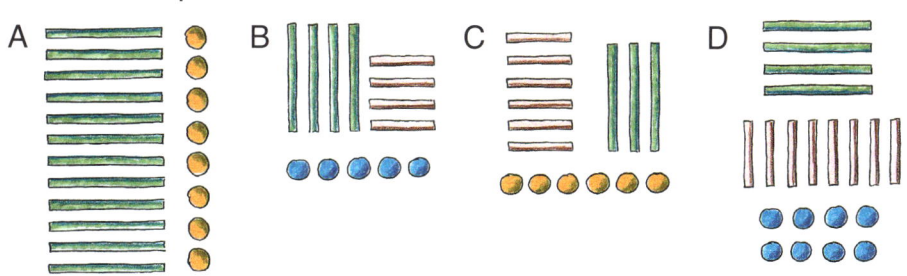

A   B   C   D

6 Zu welchen Körpern kannst du kein Kantenmodell bauen? Warum nicht? Erkläre.

7 Welcher Quader ist gleichzeitig ein Würfel? Erkläre.

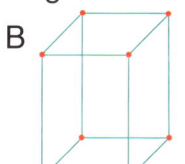

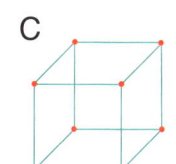

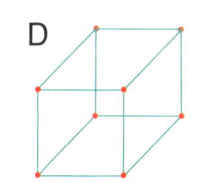

A   B   C   D

8 Immer zwei Teile passen zusammen. Welche geometrischen Körper entstehen?

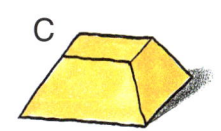

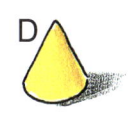

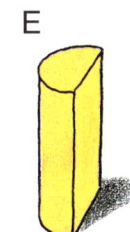

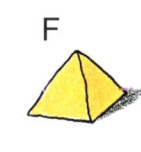

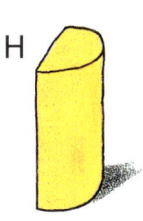

A   B   C   D

E   F   G   H

Das ist ein Kantenmodell.

Kugel: A und ☐

9 Körper und Formen
(Spiel für 2 Kinder)

- Markiert Körper und Formen wie im Bild.
- Legt sie unter ein Tuch.
- Zieht abwechselnd und zählt, was markiert ist.
- Jeder notiert seine Zahlen.
- Zählt diese am Ende zusammen.
- Die höchste Zahl gewinnt.

Würfel und Quader!
Woran erkennst du die Verwandten? 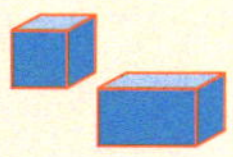
An 6 Seitenflächen, 8 Ecken und 12 Kanten.

Würfel als besonderen Quader bestimmen

AH Seite 63   119

Flächeninhalt und Umfang

1 a) Welche beiden Flächen sind gleich groß? Woran erkennst du das?

A

B
☐ Quadrate

C
☐ Quadrate

D
☐ Quadrate

☐ Quadrate

b) Lege um jede Fläche entlang der Seiten einen Faden. Wie lang muss dieser jeweils sein? Berechne den Umfang.

Umfang A:					
2 cm +	☐ cm +	☐ cm +	☐ cm =	☐ cm	

c) Welche Fläche hat den größten Umfang? Was fällt dir auf?

2 Stell dir vor, du zerschneidest die Fläche A aus Aufgabe 1 in einzelne Quadrate. Lege die Quadrate zu einer Fläche, bei welcher der Umfang ...

a) ... größer ist als bei A.   b) ... kleiner ist als bei A.

3 a) Ordne die Flächen der Größe nach. Beginne mit der kleinsten.

A   B   C   D

☐ Quadrate   ☐ Quadrate   ☐ Quadrate   ☐ Quadrate

b) Vergleiche die Umfänge. Erst überlegen, dann rechnen. Welche Umfänge sind gleich groß? Welcher ist am größten? Erkläre.

Umfang A:					
1 cm +	☐ cm +	☐ cm +	☐ cm =	☐ cm	

c) Verändere die Fläche A so, dass die Fläche kleiner und der Umfang größer wird.

Das kann ich schon 6

Bearbeite immer eine Aufgabe. Wie konntest du sie lösen? Male passend dazu: ☺ ☹ ☺

1 Leila findet in ihrer Pausenbox:  A K B

Sie überlegt, in welcher Reihenfolge sie dies aufessen soll.
Schreibe Leilas Möglichkeiten auf.
Zeichne dazu ein Baumdiagramm.

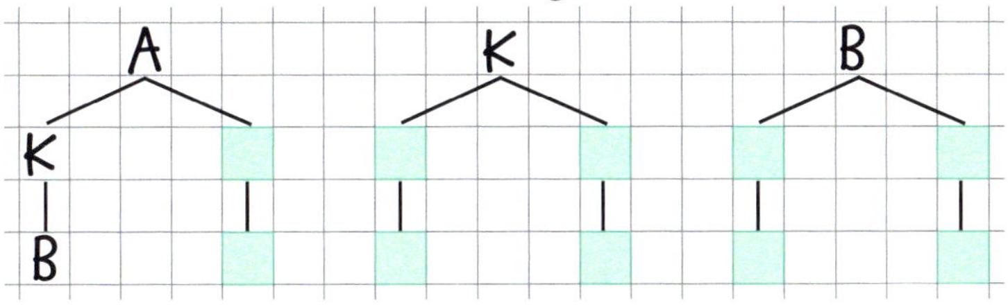

2 F: Wie viele € bekommt Frau Ruder zurück?

(35 €, 9 €)

3 Wie viel Geld ist das?

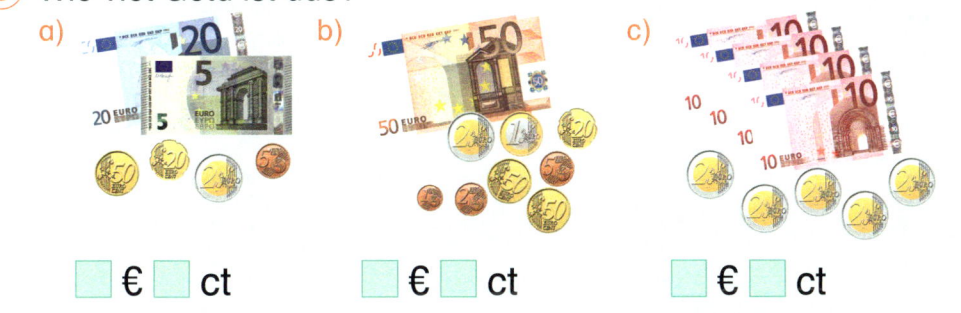

a) ☐ € ☐ ct   b) ☐ € ☐ ct   c) ☐ € ☐ ct

4 Gestern kosteten 2 Pullis zusammen 80 €. Heute kosten sie nur die Hälfte. Dabei kostet jeder Pulli gleich viel.
F: Wie viel kostet heute ein Pulli?

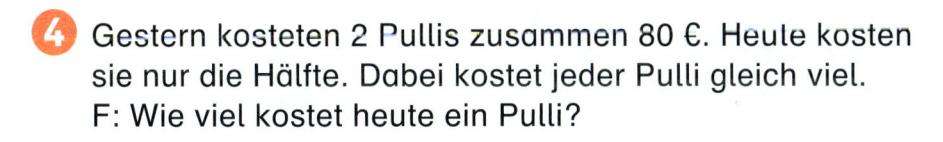

5 Rechne weiter.

1 · 2 = ☐   2 · 3 = ☐   3 · 4 = ☐   ☐ · ☐ = ☐

6 Wie groß ist der Umfang? Miss und rechne.

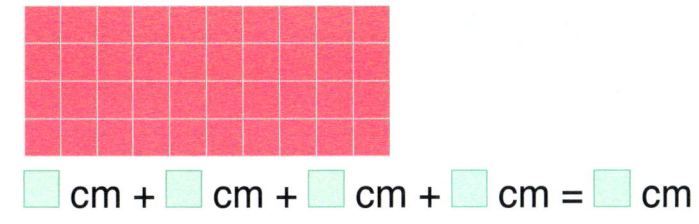

☐ cm + ☐ cm + ☐ cm + ☐ cm = ☐ cm

7 Ein Würfel hat ☐ Seitenflächen, ☐ Kanten und ☐ Ecken.

Alles fertig? Überprüfe mit Seite 122.

Überprüfen und üben 6

1 Leila findet in ihrer Pausenbox: 🍎 🍒 🍌
　　　　　　　　　　　　　　　　　A　K　B

Sie überlegt, in welcher Reihenfolge sie dies aufessen soll.
Schreibe Leilas Möglichkeiten auf.
Zeichne dazu ein Baumdiagramm.

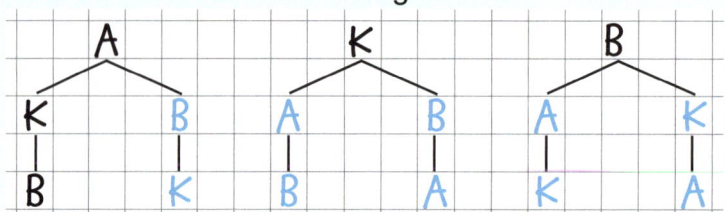

```
    A           K           B
   / \         / \         / \
  K   B       A   B       A   K
  |   |       |   |       |   |
  B   K       B   A       K   A
```

→ S. 105/2

2

F: Wie viele € bekommt Frau Ruder zurück?
R: 35 € + 9 € = 44 €　　44 € + 6 € = 50 €
A: 6 € bekommt Frau Ruder zurück.

→ S. 108/4

3 Wie viel Geld ist das?

a)　　　　　　　b)　　　　　　　c)

27 € 75 ct　　54 € 28 ct　　50 € 0 ct

→ S. 109/3

4 Gestern kosteten 2 Pullis zusammen 80 €. Heute kosten sie nur die Hälfte. Dabei kostet jeder Pulli gleich viel.
F: Wie viel kostet heute ein Pulli?
R: 80 € = 40 € + 40 €　　40 € = 20 € + 20 €
A: 20 € kostet heute ein Pulli.

→ S. 111/7

5 Rechne weiter.

1 · 2 = 2　　2 · 3 = 6　　3 · 4 = 12　　4 · 5 = 20

→ S. 112/5

6 Wie groß ist der Umfang? Miss und rechne.

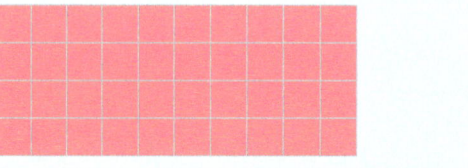

2 cm + 5 cm + 2 cm + 5 cm = 14 cm

→ S. 120/1

7 Ein Würfel hat 6 Seitenflächen, 12 Kanten und 8 Ecken.

→ S. 118/1

Rechenmauern

1 Immer zwei Rechenmauern haben die gleiche Zielzahl. Warum?

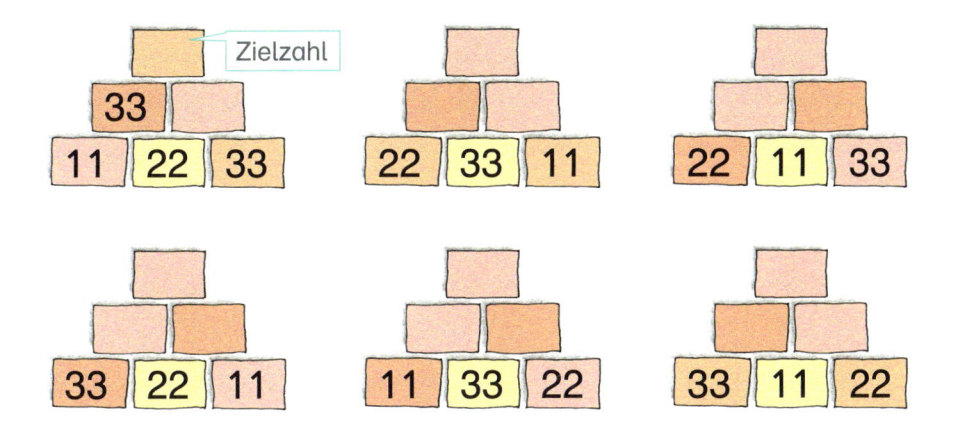

33 ← Zielzahl		
11 22 33	22 33 11	22 11 33

33 22 11	11 33 22	33 11 22

Wie in Klasse 1 nur schwerer!

2 Zeichne neu und rechne: Vergrößere in allen Rechenmauern von Aufgabe 1 die Zahlen in den unten genannten Steinen jeweils um 1. Was entdeckst du?
 a) linker, unterer Stein
 b) rechter, unterer Stein
 c) mittlerer, unterer Stein
 d) alle unteren Steine

1 2 2 2 3 3
11 + 1

3 Zeichne ab und rechne. Was fällt dir auf?

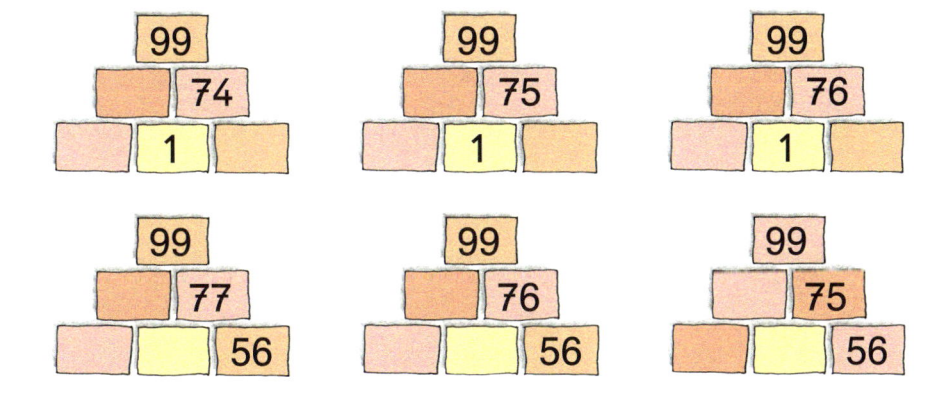

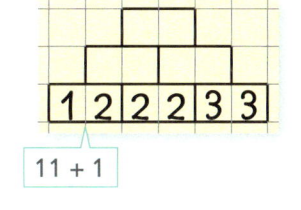

99	99	99
74	75	76
1	1	1

99	99	99
77	76	75
56	56	56

Achte immer auf diesen Stein!

4 Hier gibt es viele Möglichkeiten.

100   100   100

5 Setze die Zahlen geschickt jeweils in die untere Reihe ein.

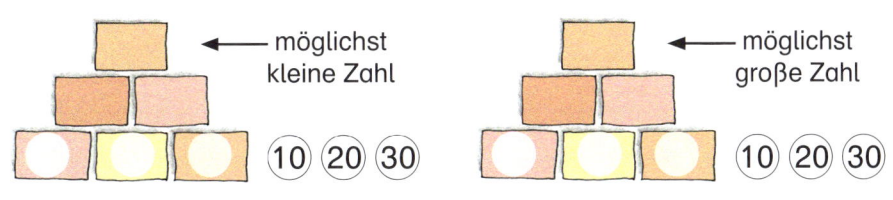

← möglichst kleine Zahl   ⑩ ⑳ ㉚

← möglichst große Zahl   ⑩ ⑳ ㉚

Arithmetische Muster beschreiben und entwickeln

Reise ins Land der Rechengeschichten

Hier sind einige Lösungen versteckt. Achtung! Jeweils nur eine Zahl ist richtig. Erst überlegen, dann rechnen.

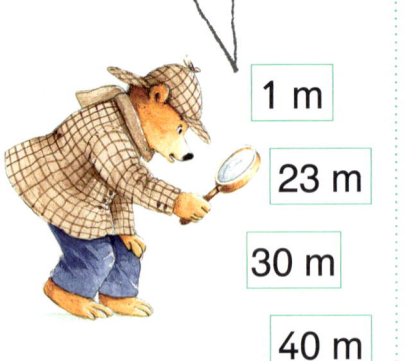

1 m
23 m
30 m
40 m

100 cm   70 m
50 m   100 m

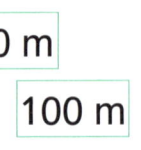

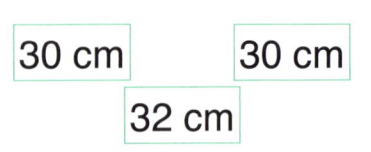

30 cm   30 cm
32 cm

Zeichne einfach, zeichne klar, schon stellt sich die Lösung dar.

Bearbeite jede Aufgabe so: Frage (F), Zeichnung (Z), Rechnung (R), Antwort (A).

1 Von Leilas Tisch bis zum Lehrerpult sind es 5 m. Leila geht jeden Tag 4 Mal dort hin. Rechne, wie viele Meter das an einem Tag sind. Welche Zeichnung hilft dir dazu am besten?

2 a) Von der Klassenzimmertür ist das WC 10 m entfernt. Lukas geht täglich 1 Mal dorthin.
F: Wie viele Meter geht er so in einer Schulwoche?
Zeichne und rechne.
b) F: Wie oft am Tag gehst du zum WC? Wie viele Meter sind das? Zeichne und rechne. 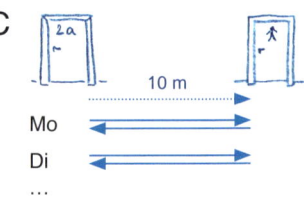

3 Armin legt eine Einmaleinskette zur Aufgabe 3 · 5. Jedes der 3 Kettenglieder ist 10 cm lang. Zwischen den Gliedern lässt er immer 1 cm Abstand.
F: Wie viel cm Platz braucht er dafür auf seinem Tisch?

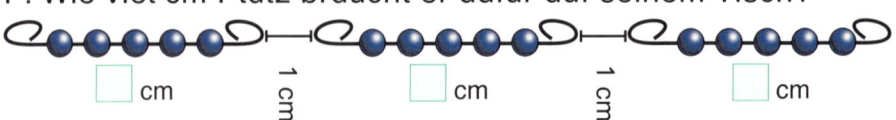

4 a) Samuel soll 4 Geschichtenblätter an die 1 m lange Schnur in der Leseecke hängen. Jedes Blatt ist 21 cm breit. Reicht der Platz?
b) Samuel will zum Schnuranfang und zum Schnurende und auch zwischen den Blättern kleine Lücken lassen. Wie groß können diese Lücken sein? Hier gibt es viele Möglichkeiten. Welche gefällt dir am besten?

124   AH Seite 66   Bei der Lösung von Sachsituationen sinnvolle Bearbeitungshilfen nutzen

Klasse 2a	anwesend	krank	**insgesamt**
Jungen	10	2	
Mädchen	7		8
insgesamt		3	**20**

So viele Informationen in einer so kleinen Tabelle!

5 Sei schlau, lies die Tabelle genau! Du kannst antworten, ohne zu rechnen.
  a) Wie viele Jungen sind anwesend?
  b) Wie viele Mädchen sind anwesend?
  c) Wie viele Jungen sind krank?
  d) Wie viele Kinder sind insgesamt krank?
  e) Wie viele Mädchen hat die Klasse insgesamt?
  f) Wie viele Kinder hat die Klasse insgesamt?

6 Hier musst du mit den Zahlen aus der Tabelle rechnen. Schreibe immer F, R, A.
  a) Wie viele Jungen sind insgesamt in der Klasse?
  b) Wie viele Kinder sind heute anwesend?
  c) Wie viele Mädchen sind krank?

7 Die Tabelle hilft dir. Schreibe immer F, R, A.
  a) In der Klasse gibt es mehr Jungen als Mädchen.
     Wie viele Jungen sind es mehr?
  b) Es sind weniger Mädchen als Jungen anwesend.
     Wie viele Mädchen sind es weniger?
  c) Es sind mehr Kinder gesund als krank.
     Wie viele gesunde Kinder sind es mehr?

8 Zeichne die Tabelle vollständig ab.
  Setze die fehlenden Zahlen ein.

9 Gestern sah in der Klasse 2a noch alles anders aus.
  2 Jungen und 2 Mädchen waren krank. Zeichne und verändere die Tabelle passend.

10 Zeichne eine Tabelle für den heutigen Tag in deiner Klasse.
  Stellt euch gegenseitig Fragen dazu und beantwortet sie.

Zeichne einfach, zeichne klar, schon stellt sich die Lösung dar.

Klasse 2a	anwesend	krank	insgesamt
Jungen	10	2	
Mädchen	7		8
insgesamt		3	20

Bei der Lösung von Sachsituationen sinnvolle Bearbeitungshilfen nutzen

Reise ins Land der Rechengeschichten

Ein Wasser, bitte.

1 Erfinde 2 Rechengeschichten, die zum Bild passen.
Schreibe dazu auch F, R, A.

2 Sei schlau, betrachte das Bild oben genau.
Welche Aussagen sind sicher falsch (4)?
Entdecke sie, ohne zu rechnen!
a) Frau Bauer bekommt 21 € zurück.
b) Frau Bauer bekommt 19 € zurück.
c) Der Imbiss hat am Sonntag 5 Stunden geöffnet.
d) Der Imbiss hat am Samstag 5 Stunden geöffnet.
e) 1 Döner, 1 Salat und 1 Wasser kosten zusammen 4 €.
f) 1 Döner, 1 Salat und 1 Wasser kosten insgesamt 8 €.
g) Am Montag hat der Imbiss 7 Stunden länger geöffnet als am Samstag.
h) Am Montag hat der Imbiss 25 Stunden länger geöffnet als am Samstag.

3 Schreibe nur zu den richtigen Aussagen (4) in Aufgabe 2
F, R, A. Überprüfe: Kann die Antwort logisch sein?

④ Hier hat ein Kind zu jeder Rechengeschichte schwuppdiwupp eine Antwort geschrieben. Doch leider sind alle Antworten falsch. Erkläre dies ohne zu rechnen!

a) Marie füttert 2 Enten. 5 kleine Enten kommen dazu.
F: Wie viele Enten sind jetzt da?
A: 7 Enten sind verschwunden.

b) Vor dem Zauberer sitzen 12 Hasen. Simsalabim! Nur noch 4 Hasen sind da.
F: Wie viele Hasen sind verschwunden?
A: 16 Hasen hat der Zauberer hinzugezaubert.

c) Leila kauft 2 Mäuse. Am nächsten Tag sind es 11 Mäuse.
F: Wie viele Mäuse wurden geboren?
A: 13 Mäuse wurden geboren.

d) Bibu hat 11 volle Honiggläser. Nach einer Mahlzeit sind noch 2 volle Gläser übrig.
F: Wie viele Gläser hat Bibu geleert?
A: 13 Honiggläser hat Bibu geleert.

e) Bello ist hungrig. Auf dem Tisch liegen 19 Würstchen. Als die Familie zum Essen kommt, gibt es nur noch 11 Würstchen.
F: Wie viele Würstchen hat Bello gefressen?
A: 30 Würstchen hat Bello gefressen.

f) Der Hamster hat in seinen Backentaschen 11 Nüsse. Er findet weitere Nüsse. Nun hat er insgesamt 19 Nüsse.
F: Wie viele Nüsse hat der Hamster gefunden?
A: 30 Nüsse hat der Hamster gefunden.

⑤ Rechne richtig! Schreibe zu Aufgabe 4 jeweils F, R, A. Überprüfe: Ist deine Antwort logisch?

Nach dem Rechnen fällt mir ein, wird die Antwort logisch sein?

Lösungen auf Plausibilität überprüfen

Spiegelburg

Du brauchst einen Taschenspiegel ohne Rand.

① Bibu hat eine Burg gezeichnet. Mit einem Spiegel siehst du, wie sie aussieht. Überlege zuerst. Lege dann den Spiegel an.

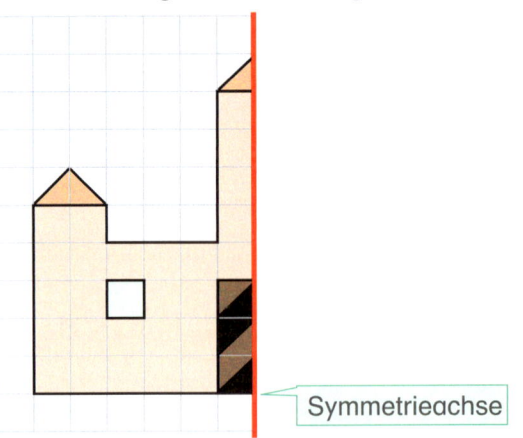

Symmetrieachse

② Welche Burg ist Bibus Burg? Nur sie ist **symmetrisch**. Überprüfe mit dem Spiegel und erkläre.

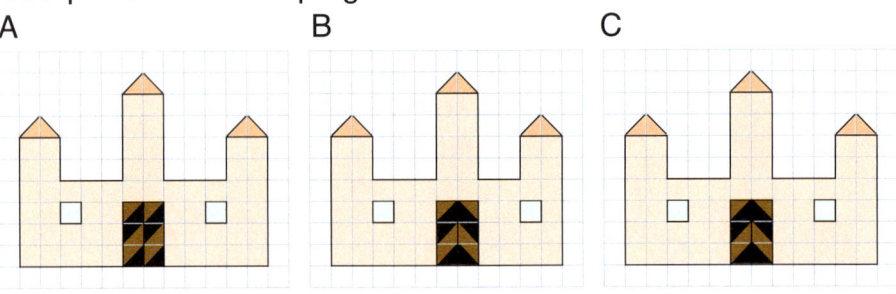

A B C

③ Falte immer ein Blatt Papier genau in der Mitte. Lege die Faltlinie nach links. Zeichne das Bild ab und schneide es aus. Was entsteht beim Aufklappen? Überlege zuerst.

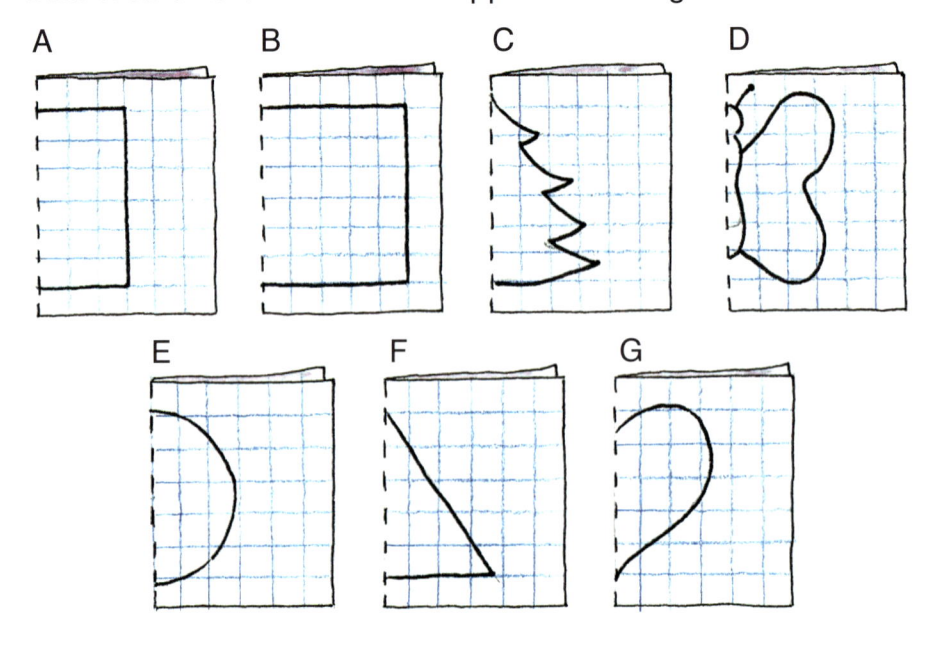

A B C D

E F G

A B C D E F G

④ Betrachte die Bilder am Rand. Welche sind symmetrisch (3)? Welche sind nicht symmetrisch (4)?

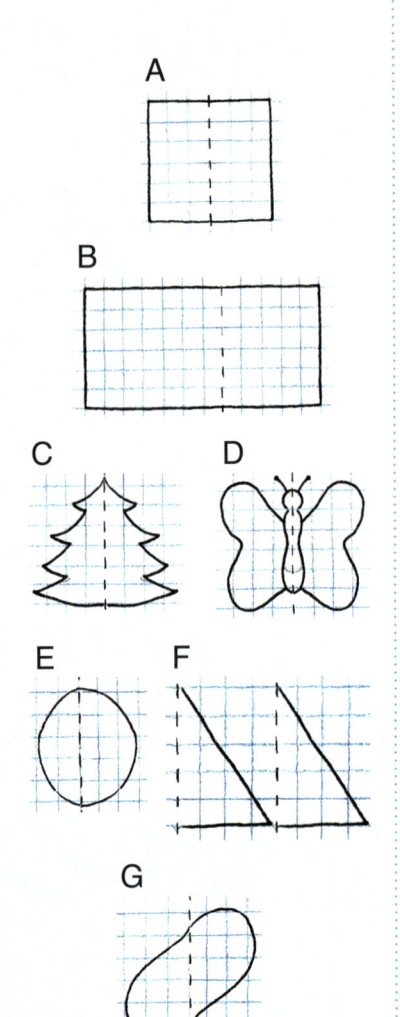

128   AH Seite 68   Achsensymmetrie überprüfen; achsensymmetrische Figuren erzeugen

5 Zeichne die Formen unten genau ab und ergänze das Spiegelbild. Überprüfe durch Ausschneiden und Falten.

Welche Gebäude sind symmetrisch?

6 a) Welche Aussagen (4) sind richtig? Schreibe nur sie auf.
Was im Bild links ist, ist im Spiegel rechts.
Was im Bild rechts ist, ist im Spiegel links.
Was im Bild rechts ist, ist im Spiegel auch rechts.
Was im Bild unten ist, ist im Spiegel auch unten.
Was im Bild oben ist, ist im Spiegel unten.
Bild und Spiegelbild sind gleich groß.
Was im Bild rot ist ist im Spiegel blau.
Im Spiegel ist mehr zu sehen als im Bild.
b) Schreibe weitere passende Sätze.

7 Zeichne die Burg von Seite 128, Aufgabe 1 vollständig auf.

8 Baue **symmetrisch**. Ein Stift zeigt die **Symmetrieachse**.

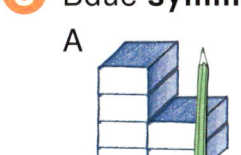

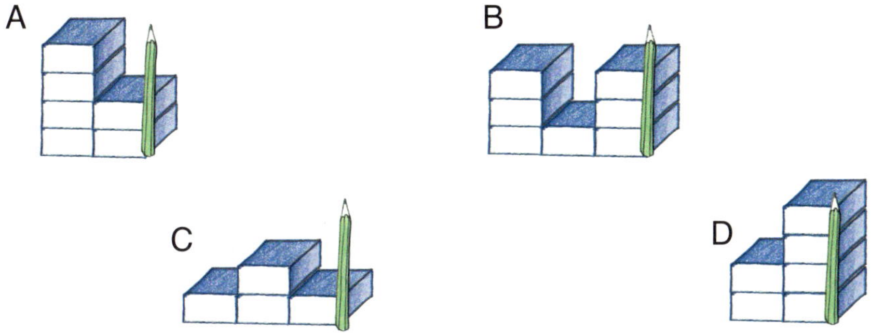

A   B   C   D

Findest du auch symmetrische Muster?
→ S. 16

Bild und Spiegelbild sind **symmetrisch**. Die Linie auf der dein Spiegel steht, heißt **Symmetrieachse**.

Merkmale achsensymmetrischer Figuren beschreiben; achsensymmetrische Figuren erzeugen

Reise ins Land der Rechengeschichten

Schreibe immer Frage (F), Rechnung (R), Antwort (A).

Zeichne einfach, zeichne klar, schon stellt sich die Lösung dar.

Mo	Di	Mi	Do	Fr	Sa
1 €	2 €	4 €			

① Hänsels und Gretels Vater hatte wenig Geld. Dazu kostete das Brot jeden Tag das Doppelte vom Vortag. Am Montag kostete es 1 €, am Dienstag schon 2 € und am Mittwoch 4 €.
F: Wie viel kostete das Brot schließlich am Samstag?

Erst spielen oder erzählen, dann die Rechnung wählen.

② Hänsel und Gretel schliefen im Wald um 14 Uhr ein und der Vater ließ sie alleine zurück. Nachts um 23.10 Uhr erwachten sie wieder.
F: Wie lange hatten sie geschlafen?

**Signalwörter erkennen, Rechenzeichen nennen:
je, jeder: · oder :**

③ Hänsel und Gretel entdeckten in 100 m Entfernung ein kleines Haus. Als sie 20 m näher herangegangen waren, sahen sie Lebkuchen auf dem Dach.
F: Wie weit waren die Kinder vom Lebkuchenhaus entfernt?

④ Hänsel und Gretel gingen zum Lebkuchendach: 5 Lebkuchen waren da in **jeder** Reihe und 2 solcher Reihen waren auf jeder Dachhälfte.
F: Wie viele Lebkuchen waren es zusammen?

Lies doch einmal das Märchen „Hänsel und Gretel". Was ist hier anders?

⑤ Eine böse Hexe sperrte Hänsel in einen Stall. 4 Wochen lang musste er dort **jeden** Tag 2 Hähnchen essen.
F: Wie viele Hähnchen aß er insgesamt?

Informationen aus Texten entnehmen

An seinem 15. Geburtstag bekam Dornröschen eine Kette mit 20 Perlen geschenkt sowie ein Armband mit halb so vielen Perlen. Um 14 Uhr begann das Fest. Nach der Feier um 18.30 Uhr wanderte Dornröschen durch das Schloss. In einem Turmzimmer stach es sich an einer Spindel und begann tief zu schlafen. Währenddessen wuchs um das Schloss eine dichte Hecke. Jeden Tag wurde sie um 10 cm höher.

Nach einer Woche blühten daran 25 Rosen, eine Woche später schon doppelt so viele und nach der dritten Woche wiederum doppelt so viele wie in der Woche zuvor. Als die Hecke 5 m hoch war, wollte ein Prinz Dornröschen befreien. Aber er konnte die Hecke nicht überwinden. Erst 100 Jahre später gelangte ein Prinz zu Dornröschen und weckte es mit einem Kuss.

Sei schlau, lies die Geschichte ganz genau! Unten findest du Fragen dazu. Du musst nur bei einigen Fragen rechnen, um sie zu beantworten. Nur hier gilt: F, R, A

1. Wie viele Perlen hatte Dornröschens Armband?

2. Wie alt war Dornröschen als es eine Perlenkette geschenkt bekam?

3. Wie lange dauerte Dornröschens Geburtstagsfeier?

4. Wie viele cm wuchs die Hecke jeden Tag?

5. Wie hoch war die Rosenhecke nach der ersten Woche?

6. Wie viele Rosen blühten nach der ersten Woche?

7. Wie viele Rosen blühten nach der dritten Woche?

8. Wie viele Tage waren vergangen, als der erste Prinz versuchte, Dornröschen zu befreien?

9. Lies das Märchen „Dornröschen". Erfinde dazu weitere Rechengeschichten für „Unser Mathebuch".

Sei schlau, lies genau! Die Frage verrät, was in der Geschichte jeweils wichtig ist.

Die Frage führt zur Antwort.

Nach der Rechnung fällt mir ein, wird die Antwort logisch sein?

Informationen aus Texten entnehmen

Die Uhr im Alltag

halb
drei viertel
ganz
viertel

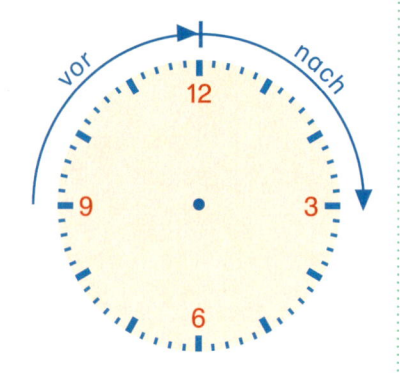

① Mmmh! Welches Wort passt zu welchem Bild? Schreibe.
a)   b)   c)   d)

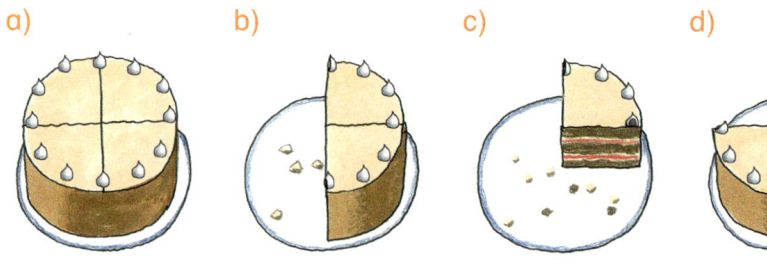

halb 12

drei viertel 12
oder
viertel vor 12

5 vor 12 Uhr

viertel nach 11
oder
viertel 12

5 nach halb 12 Uhr

② Wie nennt man bei dir Zuhause diese Uhrzeiten?
a)   b)   c)   d)   e)

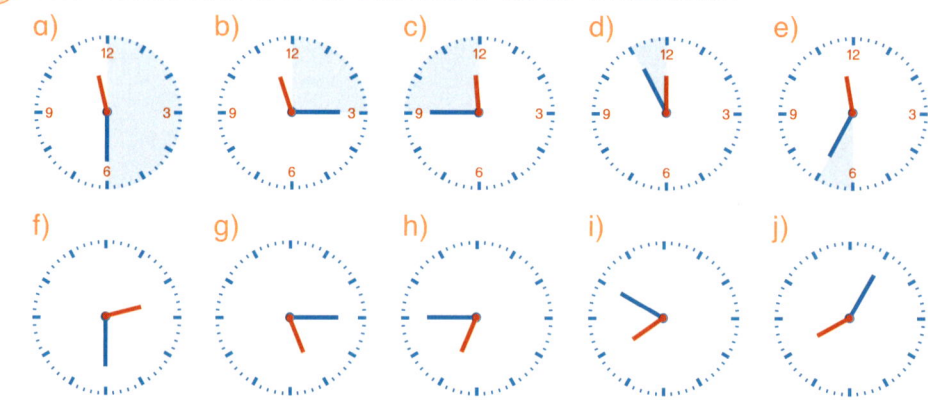

f)   g)   h)   i)   j)

③ Bibus Lieblingszeiten. Schreibe jeweils die Uhrzeit auf.
a)   b)   c)   d)   e)

Bibu freut sich auf die Schulkinder.
Bibu isst ein leckeres Pausenbrot.
Bibu denkt über neue Mathetricks nach.
Bibu versteckt sich in einem Mathebuch.
Bibu steigt in eine Schultasche.

④ Überlege dir zwei Uhrzeiten, die für deine Klasse wichtig sind. Zeichne dazu die Uhren und schreibe.

Tipp: Du findest jede passende Uhr in Aufgabe 2 oder 3.

⑤ Stelle auf deiner Lernuhr ein.
a) halb 12, halb 3, halb 10
b) viertel nach 11, viertel nach 5, viertel 1
c) viertel vor 11, viertel vor 7, drei viertel 8
d) 5 Minuten vor 12, 10 Minuten vor 8
e) 5 Minuten nach halb 12, 5 Minuten nach halb 11
f) 10 Minuten nach 10, 5 Minuten nach 8

⑥ Schreibe zu jeder Uhr aus Aufgabe 2 die passende Uhrzeit.
a) Sommerzeit! Jede Uhr wird eine Stunde vorgestellt.
b) Jede Uhr geht eine Viertelstunde vor.

Uhrzeiten ablesen

Kreuz und quer durchs Schuljahr

1 Schreibe zu jedem Buchstaben die richtige Zahl.

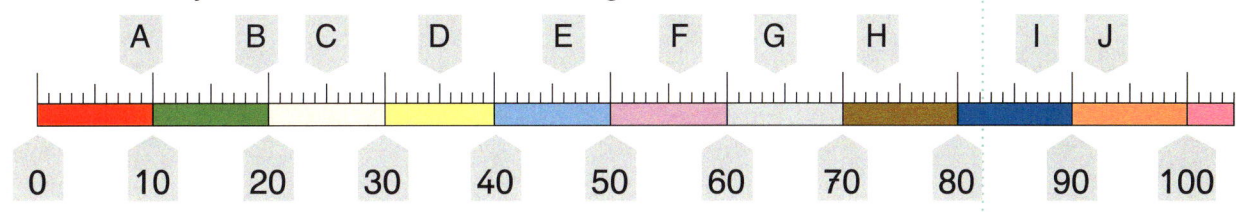

A B C D E F G H I J

0 10 20 30 40 50 60 70 80 90 100

→ S. 24/1

2 Lege und zeichne mit Zehnerschachteln und Erbsen die folgenden Zahlen: 42, 24, 45, 54, 17, 70

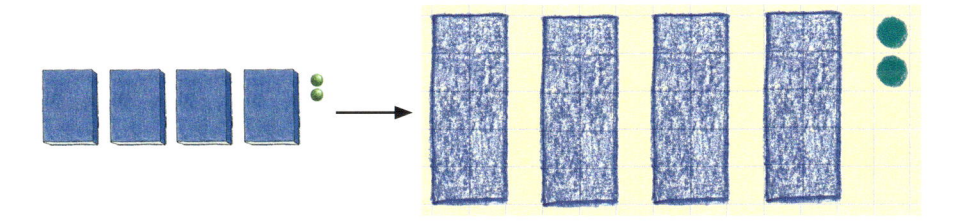

→ S. 19/2

3 Ordne die Zahlen von klein nach groß.
a) 13, 30, 81, 18, 35, 53, 42, 24
b) 17, 70, 46, 64, 19, 90, 69, 98

→ S. 22/4

4 34, 45, 53, 49 Rechne bei jeder Zahl:
a) + 40   b) + 30   c) + 20   d) − 30   e) − 10   f) − 20

3 4 + 4 0 =   5 3 + 4 0 =
4 5 + 4 0 =   4 9 + 4 0 =

→ S. 44/2, 4

5 Achtung, Fehler (6)! Rechne alles richtig.

a)
25 + 7 = 32
46 + 9 = 45
58 + 6 = 64
74 + 8 = 81
19 + 5 = 24
87 + 9 = 96

b)
33 − 6 = 27
54 − 7 = 57
62 − 8 = 54
71 − 6 = 56
95 − 9 = 86
46 − 8 = 38

c)
63 + 24 = 87
21 + 35 = 65
37 + 61 = 98
64 − 32 = 23
75 − 64 = 11
87 − 43 = 44

→ S. 35/3, 43/3 und 46/2

6 35, 41, 54, 63 Rechne bei jeder Zahl:
a) + 18   b) + 29   c) + 37   d) − 18   e) − 29   f) − 33

3 5 + 1 8 =   5 4 + 1 8 =
4 1 + 1 8 =   6 3 + 1 8 =

→ S. 48/2, 49/2

AH Seite 71

133

Kreuz und quer durchs Schuljahr

`2 1 + 2 1 =`

→ S. 88/1

① Verdoppeln heißt, das Gleiche noch einmal. Verdopple:
21, 12, 34, 42, 45, 25, 28, 46, 27, 19, 7, 39
14, 24, 38, 42, 50, 54, 56, 68, 78, 84, 90, 92

→ S. 88/4

② Ordne: Gerade Zahlen (7) und ungerade Zahlen (7).
32, 68, 25, 92, 21, 84, 73, 56, 39, 29, 50, 87, 24, 43

③ a)
23 + 49 = ☐
16 + ☐ = 51
☐ + 35 = 72
92 − 27 = ☐
83 − ☐ = 58

b)
95 − 48 = ☐
43 + ☐ = 61
71 − ☐ = 39
24 + 76 = ☐
☐ − 16 = 82

c)
16 + ☐ = 72
☐ − 35 = 27
☐ + 59 = 92
46 − ☐ = 18
83 − 34 = ☐

→ S. 99/2, 4, 5

④ 3, 5, 4, 8, 9, 7 Rechne jede Zahl:
a) · 2   b) · 5   c) · 10   d) · 1

| 3 · 2 = | 4 · 2 = | 9 · 2 = |
| 5 · 2 = | 8 · 2 = | 7 · 2 = |

→ S. 62/2, 63/2, 64/2, 3

⑤ Teile jede Zahl durch 10 und 5. Manchmal bleibt ein Rest.
a) 20, 10, 50, 30, 40   b) 15, 45, 35, 25, 0

20 : 10 = ☐	denn ☐ · 10 = 20
20 : 5 = ☐	denn ☐ · 5 = 20
15 : 10 = 1 R 5	denn 1 · 10 + 5 = 15
15 : 5 = ☐	denn ☐ · 5 = 15

→ S. 72/3 und 75/6

⑥ Schreibe ab und setze richtig ein. Seite 136 hilft dir.
Cent, Meter, Meter, Stunde, 100, Minuten, Minute, Zentimeter

Ein ☐ hat ☐ Zentimeter.
Ein Euro sind 100 ☐.
Eine ☐ hat 60 ☐.
Mein Finger ist ungefähr einen ☐ breit.
Eine Tür ist oft einen ☐ breit.
Es dauert ungefähr eine ☐, wenn ich die Schuhe anziehe.

→ S. 136